LA

COLONNE DU HAUT-GUIR

SEPTEMBRE 1908

PARIS. — IMPRIMERIE R. CHAPELOT ET Cᶜ, 2, RUE CHRISTINE.

PUBLIÉ SOUS LA DIRECTION

DE LA

SECTION HISTORIQUE DE L'ÉTAT-MAJOR DE L'ARMÉE

LA

COLONNE DU HAUT-GUIR

EN SEPTEMBRE 1908

PAR

le Capitaine breveté LECHARTIER

ATTACHÉ A LA SECTION HISTORIQUE

PARIS

LIBRAIRIE MILITAIRE R. CHAPELOT ET Cie

IMPRIMEURS-ÉDITEURS

30, Rue et Passage Dauphine, 30

1908

LA
COLONNE DU HAUT-GUIR
EN SEPTEMBRE 1908

PAR

le Capitaine breveté **LECHARTIER**

ATTACHÉ A LA SECTION HISTORIQUE

PARIS

LIBRAIRIE MILITAIRE R. CHAPELOT ET Cie

IMPRIMEURS-ÉDITEURS

30, Rue et Passage Dauphine, 30

1908

LA

COLONNE DU HAUT-GUIR

EN SEPTEMBRE 1908

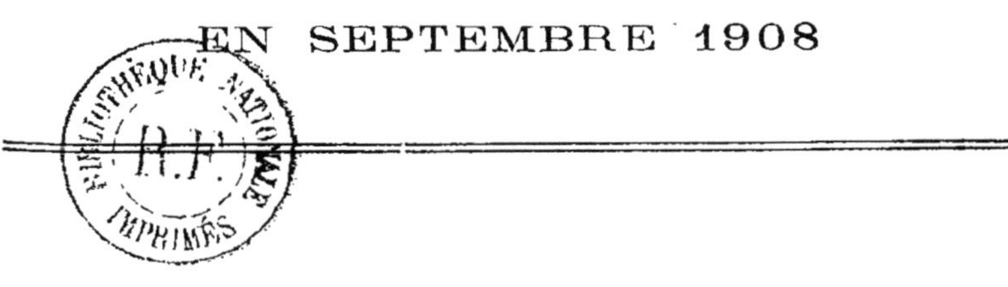

§ 1. — **Situation générale et mission de la colonne (1).**

Au mois de février 1908, le commandant du 19e corps d'armée fut informé que les troubles qui divisaient le Maroc, et avaient amené l'intervention de nos armes à Casablanca, paraissaient susciter sur notre frontière du Sud-Oranais une vive effervescence, et qu'une harka se réunissait dans le Tafilalet sous les ordres de Moulaï ou Lhassen.

Le général Vigy, commandant le territoire d'Aïn-Sefra, entama au mois d'avril, au moyen de colonnes mobiles, une série d'opérations ayant pour but de disperser ces importants rassemblements dont le voisinage était une menace constante pour notre frontière et nos postes de l'extrême Sud. Une des colonnes mobiles repoussa le 16 avril, à Menabha, une attaque sérieuse. Le 7 mai, le général Vigy campait avec toutes ses forces à Beni-Tadjit, et les 13 et 14 du même mois, il infligeait aux Marocains, à Beni-Ouzien et Bou-Denib, deux sanglantes défaites. La harka de Moulaï ou Lhassen fut entièrement dispersée et son chef s'enfuit vers l'Oued-Ziz.

---

(1) Voir la carte d'ensemble à 1/500,000e, de la région du Haut-Guir.

1

Sur la proposition du général Vigy, l'occupation provisoire de la région de Bou-Denib fut décidée, jusqu'à ce que le calme fût entièrement rétabli, et le Ministre prescrivit de relier ce point à Colomb-Béchar par une ligne télégraphique.

Le 30 mai, un poste fut constitué à Bou-Denib, sous les ordres du chef de bataillon Fesch, qui prit le titre de commandant militaire du Haut-Guir ; il eut sous ses ordres 1,250 fusils, 250 cavaliers, une section de mitrailleuses, une section de 80 de montagne et une batterie de 75.

A Bou-Denib, la cuvette de l'Oued-Guir est large, selon les endroits, de 500 à 600 mètres ; elle est limitée au Sud par le premier étage de la hamada (1). Le commandant Fesch décida d'établir en ce point une redoute tenant le fond de la vallée (2). Cette redoute fut entourée d'un mur en briques crues, crénelé, haut de 3 mètres. En avant de la face Sud, on établit un système d'inondations, de petits piquets, de trous de loup et de fougasses. Le tracé, présentant des sortes de bastions, permettait de battre partout le pied du mur.

Mais cet ouvrage, situé sur la rive même du Guir, n'avait aucune vue sur les plateaux. Vers le Sud se trouve une gara (3), située à 1,600 mètres de la redoute, qui se prêtait à l'installation d'un poste d'observation permettant de surveiller le terrain à grande distance dans toutes les directions. Le commandant Fesch y fit construire un blockhaus (4) comprenant deux étages,

---

(1) Vaste plateau surélevé, semé de cailloux et entièrement dépourvu de végétation.

(2) Voir le croquis n° 2.

(3) Éminence rocheuse de forme tronconique, qui n'est autre chose qu'un vestige de la hamada ayant résisté à l'érosion et qui se dresse en plaine aux environs des limites des plateaux.

(4) Voir le croquis n° 3.

avec murs en pierres surmontés de briques et percés de meurtrières. Ce réduit était entouré d'une enceinte continue enveloppant à l'Est le poste optique. Autour du blockhaus, on avait construit des plates-formes pour les deux canons de montagne. L'enceinte était entourée par un réseau de fils de fer.

Le commandement du blockhaus fut confié par le commandant Fesch au lieutenant Vary, du 3e Tirailleurs ; la garnison comprit : un sous-officier, 40 hommes de la 24e compagnie montée du 1er étranger, 3 du 2e étranger ; un sous-officier, 32 hommes de la 14e compagnie du 3e Tirailleurs ; un sous-officier et 7 hommes de la section de montagne du 12e d'artillerie et quatre sapeurs du 2e génie ; en tout, un officier, trois sous-officiers, 86 hommes. Entre la redoute et le blockhaus, pour relier ensemble ces ouvrages, des postes de 70 hommes furent établis dans le ksar de Bou-Denib (1) et dans une tour en pisé dite *Tour des Goumiers* (2). Ces postes avaient surtout pour mission d'empêcher les Marocains de prendre pied dans la palmeraie, d'où il eût été difficile de les déloger.

Enfin, Colomb et Bou-Denib furent reliés par un fil télégraphique et par une ligne optique, dont les postes étaient installés au blockhaus de la Gara, à Bou-Anan, à El-Morra et près de Talzaza. La redoute communiquait au moyen d'appareils optiques avec le blockhaus, la Tour des Goumiers et le minaret du Ksar ; une ligne téléphonique allait du Ksar à la redoute.

Étant donné l'effectif du poste de Bou-Denib, l'artillerie dont il disposait, et les mesures très complètes prises par le commandant Fesch en vue d'une attaque,

---

(1) Voir le croquis n° 5.
(2) Voir le croquis n° 4.

les ouvrages ainsi organisés pouvaient être considérés comme défiant toute agression des Marocains.

Dès les premiers jours de juin, le commandement fut informé que des groupes hostiles se réunissaient, tant à Toulal que dans le Tafilalet, et parlaient ouvertement de chasser les Français de Bou-Denib.

Ces bruits ne firent, dans la suite, que se confirmer et se préciser ; au mois de juillet, on put tenir pour assuré que les groupements signalés étaient devenus de véritables harkas, disposant, surtout celle du Tafilalet, de forces considérables et prêtes à une imminente agression.

Des mesures immédiates s'imposaient : le général Bailloud proposa de constituer, pour agir vers le Haut-Guir, un détachement éventuel de secours, aux ordres du colonel Alix, qui eût compris trois bataillons, deux escadrons, une batterie de 75 et une section de 80 de montagne. Le Ministre prescrivit de préparer l'organisation de cette colonne, qui prit le nom de *colonne de manœuvre*.

Il restait à donner des instructions au colonel Alix. Afin de bien définir sa mission, le Ministre télégraphia, le 15 août : « L'action de la colonne de manœuvre devra se borner à maintenir les communications ou à dégager Bou-Denib. Il ne peut être question de mener une action offensive au delà des postes déjà occupés ». On ne saurait mieux se conformer à cette ligne de conduite que ne devait le faire le colonel Alix, au cours de sa remarquable expédition du Haut-Guir.

Vers le 20 du même mois, les renseignements de nos émissaires, corroborés par les reconnaissances des Sahariens envoyées par le commandant Fesch, firent connaître que la harka du Tafilalet avait fait sa jonction, dans les environs de Tazzouguert, à 25 kilomètres au

Nord-Est de Bou-Denib, avec le groupe de Toulal, et que des renforts, venus de Tigrit et de la Haute-Moulouïa, avaient porté l'effectif des Marocains à un total d'environ 20,000 hommes. C'était, de mémoire d'indigène, la force la plus nombreuse qui ait jamais été réunie dans la région (1).

Il n'y avait pas de temps à perdre pour terminer la concentration de la colonne de manœuvre. Le commandant de la division d'Oran, après avoir communiqué, par le téléphone, de Colomb-Béchar, avec le commandant Fesch, et s'être renseigné sur la situation à Bou-Denib, proposa des dispositions qui s'inspiraient du télégramme du 15 août. Elles consistaient à laisser les troupes à Colomb, tant que les harkas n'auraient pas entamé d'hostilités effectives, de manière à maintenir le plus longtemps possible hommes et animaux dans les meilleures conditions d'installation et de ravitaillement, mais à mettre tout en mouvement, dès que Bou-Denib aurait été attaqué, ou que les harkas seraient venues s'installer entre nos postes et sur nos communications. Le colonel Alix devait gagner d'abord Bou-Anan, sans forcer les étapes, de manière à y arriver avec tout son monde dispos; il laisserait là le gros du convoi et les *impedimenta*, et prendrait ce point comme centre d'opérations pour manœuvrer dans la zone Bou-Anan, le Guir, Bou-Denib, et combiner ses mouvements avec le groupe mobile que constituerait le commandant Fesch.

Le général Bailloud entra dans ces vues, en les complétant par la constitution, dès le début, d'une avant-garde à Bou-Anan, et le Ministre donna son approbation à l'ensemble du projet.

Entre temps, la colonne de manœuvre avait été suc-

____

(1) Voir le croquis nº 1 (emplacements des tribus ayant envoyé des contingents à la harka).

cessivement renforcée de deux bataillons de la Légion
étrangère, d'une nouvelle batterie de 75 et d'une seconde
section de 80 de montagne ; elle comprenait dès lors,
cinq bataillons, deux escadrons, deux batteries de 75
et deux sections de montagne (1).

§ 2. — Marche de la colonne de manœuvre
sur Bou-Anan.

Ce n'était pas une tâche aisée que de faire franchir,
au mois d'août, à une troupe aussi considérable, une distance de 160 kilomètres, surtout avec des effectifs comprenant une forte proportion d'Européens. Le commandement en sentait si vivement les difficultés que ce
n'est qu'au dernier moment, quand les nouvelles de
Toulal devinrent tout à fait menaçantes, qu'il se décida
à faire entrer des bataillons de la Légion dans la composition de la colonne, qui ne devait tout d'abord
comprendre, comme infanterie, que des Tirailleurs.

L'extrême élévation de la température n'allait-elle pas
multiplier les accidents? Trouverait-on, à des intervalles
assez rapprochés, des points d'eau permettant d'alimen-
ter en cette saison, où tant de puits tarissent, un effectif
aussi considérable? Le terrain, dur et inégal, coupé
de petits ravins à pic et de bandes de sable, n'allait-il
pas imposer à l'infanterie et aux chevaux de l'artillerie
des épreuves au-dessus de leurs forces?

Toutes ces considérations, qui n'eussent pas été sans
poids en des circonstances moins pressantes, durent
céder devant l'urgence de soutenir les postes de Bou-
Denib, et d'infliger une leçon définitive aux bandes sans
cesse reformées des Berabers.

---

(1) Voir aux Annexes (p. 49-50) la composition de la colonne de
manœuvre.

L'itinéraire choisi fut la route normale de Bou-Anan, par El-Morra, Saf-Saf et El-Hadjoui. Dans le but de faciliter la marche et d'assurer dans les meilleures conditions l'alimentation en eau, le colonel Alix constitua quatre échelons, se suivant à une journée, et comprenant chacun des éléments de toutes armes, afin de pouvoir, au besoin, résister à une attaque, jusqu'à l'arrivée des colonnes voisines. D'ailleurs, la nature des derniers rapports reçus au sujet de la harka, permettant de compter que le mouvement s'exécuterait jusqu'à Bou-Anan sans être inquiété, la formation choisie fut la colonne de route, protégée par des mesures de sécurité très strictes.

L'exploration fut confiée au lieutenant-colonel Pierron, chef du service des renseignements, disposant du goum et de la compagnie saharienne; la cavalerie régulière, sous les ordres du chef d'escadrons de Barry, fut chargée de la sûreté.

Ces dispositions, dictées par l'expérience, jointes à de prévoyantes prescriptions de détail, telles que la précaution de donner deux bidons à tous les hommes, et de laisser chaque élément de la colonne, infanterie, cavalerie, convoi, marcher à son allure particulière, permirent aux troupes de mener à bien ces quatre étapes consécutives, dont deux devaient être doublées par les dernières colonnes.

Le quatrième jour, 31 août, le premier échelon atteignait Bou-Anan sans incident, à 8 h. 30 du matin; il y fut rejoint trois heures après, par le colonel Alix, qui était parti la veille de Colomb, avec son escorte et son état-major.

Le lendemain, 1er septembre, le deuxième échelon était arrivé à Bou-Anan, lorsqu'à 2 h. 30, un télégramme du commandant Fesch apporta une grave nouvelle : le poste de Bou-Denib était attaqué par la presque totalité de la harka. Le colonel Alix n'eut plus qu'une pensée, se porter à son secours ; il envoya au troisième échelon, qui venait de faire 30 kilomètres, pour venir de Saf-Saf, l'ordre de pousser le soir même jusqu'à Bou-Anan, et au quatrième échelon, celui de rejoindre les trois premiers dans la soirée du 2 septembre. A 5 heures, la communication télégraphique avec Bou-Denib fut interrompue et, comme l'appareil optique installé au blockhaus ne pouvait fonctionner parce qu'il servait de cible à l'ennemi, on dut attendre le lendemain pour être enfin tiré d'inquiétude au sujet du combat livré par le détachement Fesch. L'extrême disproportion numérique des forces en présence justifiait une certaine hâte à être renseigné, aussi fut-ce avec joie qu'on apprit, vers 7 heures du matin, dès que le lieutenant du génie Playoust, chef de la section télégraphique, eut rétabli la communication électrique, que la garnison du block-haus avait repoussé toutes les attaques, et que la harka était rentrée dans ses campements de Djorf.

N'ayant plus les mêmes motifs d'accélérer sa marche, le colonel Alix accorda, le 3 septembre, à tout son détachement, le repos qu'il avait bien gagné : le troisième échelon, en effet, n'avait pas franchi moins de 45 kilomètres dans la journée du 2 ; le quatrième échelon avait accompli en deux jours 70 kilomètres. On imagine difficilement, sur de pareils terrains et à cette époque de l'année, ce que représente un pareil effort.

§ 3. — Défense de Bou-Denib les 1ᵉʳ et 2 septembre (1).

Tandis que la colonne de manœuvre accélérait sa marche pour venir le soutenir, le poste de Bou-Denib (2)

---

(1) Voir le croquis de l'oasis et des environs du poste de Bou-Denib.

(2) Voir aux Annexes (p. 51) la composition de la garnison du poste de Bou-Denib, à la date du 1ᵉʳ septembre 1908.

repoussait, en lui infligeant des pertes sensibles, le gros de la harka de Tazzouguert; quant aux défenseurs du blockhaus, petite poignée d'hommes qui eut à supporter, pendant la nuit du 1er au 2 septembre, les attaques furieuses et sans cesse redoublées d'un ennemi plus de cent fois supérieur en nombre, ils accomplirent un de ces faits d'armes qui honorent le drapeau français et dont le souvenir mérite d'être conservé.

Dans l'attente d'événements que tout le monde sentait proches, le commandant Fesch avait pris des dispositions minutieuses et, en partie nouvelles, pour utiliser ses moyens jusqu'à l'extrême limite de leur puissance, et c'est au caractère pratique et à l'efficacité de ces mesures, que le poste de la gara dut de recevoir. malgré l'obscurité un appui notable de l'artillerie de la redoute.

La section de 80 de montagne affectée au blockhaus, avait, sous la direction du capitaine Canova, préparé son tir avec le plus grand soin, en jalonnant les distances sur le terrain à l'Ouest et au Sud au moyen de repères fixes. Un code de signaux commun aux deux ouvrages avait été établi, et des lettres choisies pour désigner rapidement et sûrement les différentes parties du terrain, en particulier les zones qui étaient vues de la gara et non des rives du Guir; ces lettres étaient portées sur un croquis perspectif exécuté par le lieutenant de Lesparda.

Les tireurs d'infanterie avaient été répartis entre les diverses faces des ouvrages sous les ordres des gradés; une consigne détaillée était établie pour le combat de jour et de nuit, fixant à chacun son rôle et son poste en cas d'attaque.

Dans la redoute, la batterie de 75 avait déterminé les éléments de tir lui permettant d'atteindre sans réglage les différents points figurant sur le croquis, et repéré les directions correspondantes de manière à pouvoir battre,

même de nuit, les abords du blockhaus, et même
atteindre, par-dessus cet ouvrage, les crêtes qui l'entou-
raient au Sud. De nombreuses reconnaissances avaient
été faites dans un rayon de 30 kilomètres autour de
Bou-Denib, par les spahis et la compagnie saharienne,
soutenus par des fractions d'infanterie. Tout le terrain
fut ainsi exploré et reconnu, au point de vue de sa praticabilité aux différentes armes, en particulier à l'artillerie (1).

Le 1er septembre, au matin, une agitation inusitée se
manifestait dans les camps de la harka ; des rassemblements importants se formaient sur la gara de Djorf,
autour du bordj. Le lieutenant Vary, qui les suivait
attentivement de son poste d'observation, signala, dès
7 heures, des cavaliers s'avançant vers Bou-Denib (2).
L'escadron de spahis s'était porté en avant sur les crêtes ;
il se trouva face à face avec des groupes marocains devant lesquels il dut rétrograder peu à peu. Vers 10 heures,
il reçut l'ordre de se replier, laissant seulement de fortes
patrouilles au contact des coureurs ennemis.

Bientôt, il est visible du blockhaus qu'un mouvement
général se prépare ; sur les crêtes éloignées se montrent
des groupes de fantassins ; de grosses colonnes sortent
des camps et, vers 1 heure, traversent l'Oued-Guir dans
la boucle à l'Ouest de la redoute ; toute cette multitude,
d'abord éparse, converge vers les ouvrages. A 1 h. 30,
les patrouilles de spahis doivent céder vivement devant
la forte cavalerie de la harka, qui apparaît brusque-
ment sur les crêtes à 1,200 mètres du poste ; immédiate-

---

(1) Voir le croquis n.º 6 (itinéraires des principales reconnaissances
exécutées aux environs du poste de Bou-Denib).

(2) Voir aux Annexes (p. 40 à 48) la correspondance échangée entre
le poste de la gara et la redoute, pendant le combat des 1er et 2 septembre 1908, par la télégraphie optique.

ment après, l'infanterie couronne la ligne de hauteurs, et commence à progresser à découvert.

Bientôt, une ligne continue d'assaillants garnit tout l'arc de cercle entre l'Oued-Guir et la carrière ; elle ouvre le feu auquel répondent l'artillerie et les mitrailleuses du poste. Du côté de la redoute, le combat se poursuit ainsi sans modification jusqu'au soir ; les cavaliers et fantassins marocains font preuve d'une audace inouïe, les premiers viennent parader jusqu'à 400 mètres de nos fusils, les seconds s'embusquent, par groupes, à 300 mètres des murs des ouvrages, sans que l'intensité du feu parvienne à leur faire lâcher pied. Le canon et les mitrailleuses suffisent toutefois à les empêcher d'avancer. L'infanterie, d'ailleurs, a l'ordre de ne tirer qu'en cas d'attaque rapprochée ; seuls, quelques bons tireurs se servent de leurs armes contre les assaillants les plus téméraires.

De bonne heure, on se rend compte que l'attaque du poste n'est qu'une démonstration ; laissant un rideau devant la redoute, la harka va porter tout son effort contre le blockhaus. Elle se fractionne en deux colonnes ; le lieutenant Vary voit la première se glisser derrière les crêtes qui entourent la gara vers le Sud, l'autre suivre le cours du Guir. Sur son ordre, chacun prend son poste de combat : les deux pièces de 80 de montagne sont mises en batterie sur les plates-formes à l'Ouest de la gara. Quarante hommes d'infanterie garnissent les tranchées du plateau, le reste du détachement étant tenu en réserve dans le blockhaus et à ses abords immédiats sous le commandement du sergent Kœnig.

Dès que la colonne qui suit le Guir quitte le fond de la vallée et prononce son attaque sur le blockhaus, les deux pièces de montagne du lieutenant Vary et l'artillerie de la redoute la prennent sous leur feu. Le tir, préalablement repéré, est immédiatement efficace et arrête net les assaillants à 2,000 mètres du poste. Voyant alors qu'ils ne peuvent se ruer directement à l'attaque de la gara du blockhaus, les Marocains se rejettent vers le Sud, derrière les crêtes qui forment un demi-cercle autour de l'ouvrage. Bientôt toutes les crêtes se garnissent de tireurs, en arrière desquels les deux colonnes primitives se sont réunies.

Ces groupes furent tenus à distance grâce au tir des pièces de montagne, tir que l'emploi des repères fixes rendait précis et meurtrier. Une section de 20 hommes, exécutant des salves à distance connue, vint seconder l'action de l'artillerie et, grâce au calme des tireurs, obtint de bons résultats.

L'ennemi ne faisait donc aucun progrès ; mais comme les masses venant de l'Ouest augmentaient à vue d'œil en arrière des crêtes, à 3 h. 30, le lieutenant Vary demanda l'appui des canons de campagne de la redoute. Grâce au code de signaux, à une minutieuse préparation, et au télégraphe optique qui permettait au commandant du blockhaus de rectifier le tir des pièces de 75 pour ainsi dire coup par coup, les projectiles atteignirent de suite les rassemblements qui s'étaient formés sur les crêtes du Sud. Le lieutenant, suivant ce qu'il voyait, désignait au moyen des lettres du croquis de Lesparda les objectifs à battre que la redoute ne pouvait apercevoir, en sorte qu'il dirigeait, à la demande des circonstances, le feu d'une artillerie en batterie à 1,600 mètres dans un autre ouvrage. Des feux d'infanterie exécutés à volonté et bien réglés, ne furent pas moins utiles pour empêcher les Marocains de descendre des garas, et de marcher vers le pied du blockhaus.

Mais cette lutte de six heures n'était qu'un prélude ; la nuit venue, la harka devait certainement tenter de reprendre tous ses avantages et de profiter de son énorme supériorité numérique.

A la chute du jour, ainsi que le voulait la consigne du poste, le lieutenant fit rentrer ses deux pièces ; les fractions d'infanterie qui étaient à l'Ouest du blockhaus se replièrent par échelons, après avoir exécuté un feu nourri sur les hauteurs environnantes. Sous la protection d'un groupe de tirailleurs, les portes des réseaux de fils de fer furent fermées et tout le monde prit en silence, dans l'intérieur du blockhaus, son poste de combat de nuit.

A peine le dernier homme était-il rentré, qu'une immense clameur s'éleva, et qu'une masse d'assaillants surgit de l'ombre, se précipitant avec furie vers l'ouvrage en poussant des cris sauvages.

C'étaient les rassemblements que l'on avait vus se former en arrière des crêtes, qui s'étaient rués comme une avalanche sur le blockhaus, ne mettant pour gagner le plateau que le temps strictement nécessaire à la petite troupe pour rentrer son matériel d'artillerie, fermer les portes et garnir les meurtrières de leurs défenseurs.

Il était environ 7 h. 30 ; le feu le plus violent n'arrêta l'élan des Marocains qu'au pied du réseau de fils de fer ; mais cet obstacle permit d'infliger à l'ennemi des pertes assez sensibles pour l'obliger au bout de quelque temps à rétrograder.

« L'artillerie de 75 de la redoute, écrit dans son rapport le lieutenant Vary, continuait à nous aider puissamment. D'après les instructions et les dispositions prises pour permettre le tir de nuit aux abords immédiats du blockhaus, deux pièces de 75 installées sur la face Sud de la redoute ouvrirent le feu à 8 heures, tirant à droite et à gauche de l'ouvrage. Les obus tombaient avec une précision remarquable. Les défenseurs s'en rendaient compte, leur confiance en était augmentée. Je profitai de cet état d'esprit favorable pour régler la conduite du feu et donner des conseils aux sous-officiers et caporaux. A partir de cet instant, aucun homme ne fait feu qu'à coup sûr et le tir de toute une face n'a lieu qu'en cas d'assaut ».

Vers 8 h. 30, malgré le feu de l'artillerie, l'attaque ne se ralentit pas ; un deuxième assaut a lieu, et, comme la précédente, cette nouvelle tentative de l'ennemi reste sans résultat, grâce au moral des défenseurs qui ne faiblit pas. Les hommes, qui n'ont rien mangé depuis le matin, se plaignent de la soif ; une double corvée d'eau est organisée ; deux tirailleurs à chaque étage font boire leurs camarades.

C'est vers 10 heures que se place l'instant le plus critique de cette nuit émouvante ; l'assaut que livrèrent alors les Marocains dépasse tous les autres en furie. Malgré un feu terrible, les assaillants franchirent la palissade en fils de fer qui bordait la plate-forme Est de l'artillerie et escaladèrent le mur de soutien de cette plate-forme ; plusieurs d'entre eux parvinrent même auprès de la porte de la cour du blockhaus. Tandis qu'ils s'y réunissaient, le sergent Kœnig, chargé de la défense du rez-de-chaussée, lança à la main, au milieu du groupe, trois couples de pétards de mélinite, qui supprimèrent le plus imminent du danger, et firent évacuer la plate-forme.

C'est à quelques instants de là que le commandant Fesch, ne pouvant, sans doute, malgré sa confiance en Vary, détacher son esprit de la poignée de braves qu'une pareille marée humaine pouvait à la fin submerger, demanda à diverses reprises : « Comment ça va maintenant ? », à quoi le jeune commandant du blockhaus répondit : « Toujours cernés, mais comptez sur nous ».

Deux fois encore, vers 11 h. 30 et vers 1 heure du matin, l'ennemi reprit l'assaut, et de nouveau le sergent Kœnig dut se débarrasser avec un couple de pétards du groupe le plus pressant. La fatigue des défenseurs était extrême et la chaleur telle que plusieurs hommes s'étaient à demi dévêtus ; deux d'entre eux tombèrent d'épuisement, et furent remplacés de suite aux meurtrières par des tirailleurs disponibles.

Vers 2 h. 30, le tir de l'ennemi se ralentit; il semble qu'il se soit lassé, à la suite de ces cinq assauts infructueux.

Peu à peu, les coups de feu s'espacent; on ne voit plus çà et là que quelques isolés cherchant à enlever des cadavres.

Aux premières lueurs de l'aube, le silence est complet; les Marocains ont disparu; c'en est fini de cette lutte harassante de dix-huit heures; et quand le jour paraît, l'héroïque petite troupe, sortant sur le terreplein, rend les honneurs à ce drapeau, déchiqueté par les balles, qu'elle a si vaillamment défendu et qui, grâce à elle, flotte plus fièrement que jamais sur Bou-Denib.

Les pertes de l'ennemi avaient été très importantes; 41 cadavres furent relevés sur les pentes de la gara du blockhaus; les traces de sang, les morceaux de cervelle et de chair qui jonchaient le plateau, témoignaient du nombre de ceux qui avaient été enlevés; 45 cadavres furent retrouvés dans l'Oued Guir et sur le terrain avoisinant la redoute, 12 au pied des garas Sud du blockhaus et 70 furent enterrés aux campements de la harka, près de Djorf, soit 168 morts retrouvés. De nombreux blessés, 350 d'après les renseignements, furent évacués le lendemain par la harka, sur le Tafilalet. De son côté, la garnison du blockhaus avait un homme tué et sept légèrement blessés (1).

---

(1) Voir aux Annexes (p. 52-53) l'état nominatif des hommes tués et blessés pendant le combat du 1er septembre 1908.

Les munitions consommées avaient été :

Redoute. — Artillerie de 75 : 246 obus pendant le jour, 81 obus pendant la nuit; artillerie de 80 de montagne : 63 obus pendant le jour, 37 pendant la nuit; munitions d'infanterie : 3,185 cartouches; mitrailleuses : 5,400 cartouches.

Blockhaus. — Artillerie de 80 de montagne : 154 obus; munitions d'infanterie : 14,720 cartouches.

Tour des Goumiers. — Munitions d'infanterie : 1,450 cartouches.

L'organisation du poste de Bou-Denib peut être citée comme un modèle. La régularité des communications entre les deux ouvrages, l'appui constant que le block-haus a reçu de la redoute, la précision d'un tir de nuit au cours duquel la moindre erreur de direction eût pu causer un désastre, l'emploi du blockhaus comme poste d'observation pour la conduite du feu de la redoute, n'ont rien à envier à la défense en règle d'une grande place.

Enfin, l'emploi remarquable que le sergent Kœnig a fait, à deux reprises, de couples de pétards de mélinite, a montré, comme à Port-Arthur, que les grenades à main, très efficaces dans la dernière période de l'assaut, sont demeurées l'*ultima ratio* des défenseurs.

Le 5 septembre, le détachement de Bou-Denib voyait arriver la colonne de manœuvre, qui était partie la veille de Bou-Anan, en une seule colonne, emmenant à sa suite une partie de l'effectif du poste établi en ce point, soit une compagnie et demie de Tirailleurs et un demi-escadron de spahis. Le colonel Alix avait prescrit pour la marche une formation sur trois lignes; en première ligne, un bataillon de Tirailleurs et un bataillon du 2ᵉ étranger en ligne de colonnes doubles, les compagnies en ligne de sections par quatre; en deuxième ligne, l'artillerie, les mulets d'outils et d'ambulance; en troisième ligne, deux bataillons dans la même formation que la première ligne. Le convoi formait un échelon spécial à très courte distance, sous la protection immédiate d'un bataillon.

Après une halte au puits de Beli Bila, la colonne avait campé, le 4 au soir, à 8 kilomètres plus loin, dans la direction de Bou-Denib, où elle arrivait le lendemain à 11 heures. Les Marocains étaient toujours campés autour de Djorf; ils paraissaient résolus à attendre le gros des forces françaises et à accepter la bataille.

La journée du 6 fut employée à préparer l'attaque de
la harka, projetée pour le 7 ; le détachement du commandant Fesch, moins deux compagnies et la section de
montagne, qui restaient à la garde du poste, fut chargé
de constituer l'avant-garde (1).

§ 4. — Combat de Djorf (7 septembre).

Les renseignements reçus dans la journée du 6 septembre et l'examen des camps de la harka auquel le
colonel Alix se livra de l'observatoire du blockhaus de
Bou-Denib, le conduisirent à choisir comme terrain
d'action les plaines légèrement ondulées s'étendant du
poste au col de Tazzouguert, qui permettaient l'emploi
de formations appropriées à la situation.

Dans la soirée, l'ennemi parut se mettre en mouvement
vers 5 heures, vers Bou-Denib, et l'on prit dans le camp
des dispositions pour une attaque de nuit qui ne se produisit pas.

Le 7, à 5 heures du matin, la colonne de manœuvre,
précédée par le détachement du commandant Fesch,
quitta ses bivouacs, se dirigeant vers Tazzouguert. La
formation adoptée, très favorable à l'emploi instantané
de l'artillerie, figurait un losange dont le détachement
Fesch constituait la pointe offensive. Les deux autres
batteries de campagne, les sections de montagne et le
train de combat marchaient au centre de ce losange dont

---

(1) Le détachement mobile du commandant Fesch fut ainsi com-
posé : 13e et 22e compagnies du 2e Tirailleurs, 13e et 14e compagnies du
3e Tirailleurs, 7e compagnie du 2e étranger, 24e compagnie montée du
1er étranger, 14e batterie (de 75) du 13e d'artillerie, 5e escadron du
1er spahis.

La nouvelle garnison du poste de Bou-Denib fut constituée par
la 12e compagnie du 2e étranger, la 21e compagnie du 3e Tirailleurs
et la section de montagne Naudé.

les quatre autres bataillons restant complétaient les angles; les bataillons étaient en colonne double, les compagnies en ligne de sections par quatre. Tous les bagages d'officiers ou de troupe étaient laissés à Bou-Denib.

Le but que se proposait le colonel Alix était d'attaquer vigoureusement la harka et de s'efforcer de la couper de Tazzouguert.

Après une heure de marche, la colonne se trouva en présence d'une immense ligne ennemie qui s'étendait sur un front de 5 kilomètres, de la montagne au Guir; les Marocains avaient passé la nuit sur cette position. A 6 heures, ils ouvrirent le feu; nos troupes continuèrent à progresser sans répondre jusqu'à ce que l'artillerie trouvât un emplacement favorable; deux batteries entrèrent en action aussitôt, soutenues par deux compagnies de Tirailleurs, et prirent comme objectif les groupes situés droit devant elle.

Sans attendre davantage, les Marocains, fidèles à leur tactique d'enveloppement, essayèrent de tourner par le Nord l'avant-garde Fesch et l'ensemble de la colonne. La troisième batterie suffit à enrayer ce mouvement qui fut arrêté vers 7 heures.

Pendant ce temps, l'infanterie de l'avant-garde s'établissait à droite des batteries et ouvrait un feu très lent; la cavalerie restait sur le flanc droit, surveillant tout mouvement qui se manifesterait du côté de la montagne de Tazzouguert.

Le combat augmenta vite d'intensité; la plaine était couverte de Marocains sur une profondeur d'au moins 3 kilomètres, formant un immense arc de cercle autour de notre étroit dispositif. Peu à peu de grosses masses ennemies semblèrent gagner sur notre gauche à la faveur de couverts boisés et des ravins de la vallée du Guir. Leur présence fut signalée par le poste d'observation du blockhaus, *avec lequel le colonel Alix s'était mis de suite en liaison par signaux optiques.* La batterie de gauche dut changer de position et prendre sous son feu les masses compactes de cavalerie et de fantassins qui essayaient de progresser de ce côté. La section de 80 de montagne Gerbenne vint s'établir à quelque distance à gauche de cette batterie, et entra en action contre·les mêmes objectifs. Entre la batterie et la section vint bientôt s'intercaler la batterie de 75 qui était primitivement à droite ; un bataillon de la Légion et deux sections du 3e Tirailleurs prolongèrent de suite à gauche la nouvelle ligne d'artillerie ainsi constituée.

Enfin, la redoute de Bou-Denib, quoique située assez en arrière de notre position, n'hésita pas à ouvrir le feu avec son 80 de montagne et sa section de mitrailleuses ; cette intervention de la redoute, malgré le peu d'efficacité d'un tir exécuté à aussi grande portée, n'en contribua pas moins à démoraliser les Marocains, à qui elle donna sans doute l'impression d'un ensemble de forces beaucoup plus considérable que celui dont nous disposions en réalité.

Vers 8 heures, les ravages causés dans les groupes par l'artillerie, arrêtent net le mouvement de la harka sur notre gauche. Une demi-heure plus tard, un mouvement général de recul se dessina chez l'ennemi ; on vit des fractions commencer à abandonner la ligne de feu, pour aller lever les camps aux garas de Djorf. Cependant, une certaine recrudescence d'activité, qui, à ce moment, se manifesta chez les Marocains vis-à-vis de notre droite, motiva l'entrée en ligne de la section de montagne Richard, tandis que les pièces de 75 allongèrent leur tir pour atteindre les fuyards et incendier leurs camps.

Bientôt, la colonne de manœuvre tout entière se porta en avant ; les batteries Jeanney et Fraichet appuyèrent ce mouvement par échelons, ne s'établissant sur les crêtes que lorsque notre infanterie en a pris possession. A droite, la batterie Favereau protégeait la marche du détachement Fesch. La colonne prit comme point de direction le mamelon Garet-el-Hazel, avec l'intention de percer la ligne marocaine et de la rejeter vers Aoufous et Tazzouguert.

En arrivant à 700 mètres d'un ravin, dissimulé jusque-là par un mouvement de terrain, la colonne aperçut la masse des Berabers que nous avions une heure plus tôt devant notre front. Immédiatement, l'artillerie et l'infanterie ouvrirent le feu avec violence. Les Berabers ne tinrent pas sous cette pluie de fer; ils cédèrent tout d'un coup, et se débandèrent dans une fuite générale, abandonnant leurs garas, qu'ils n'essayèrent pas de défendre. A 9 h. 30, les trois camps du Sud étaient levés, et la déroute de la harka était complète; ses débris s'enfuyaient, tant vers l'Ouest, que vers le col de Tazzouguert. Ils furent poursuivis, aussi loin que la distance le permit, par les feux d'artillerie et d'infanterie.

La colonne traversa les camps marocains abandonnés et poursuivit sa marche victorieuse dans la même formation, ne s'arrêtant qu'à 11 heures, à proximité de l'Oued-Guir, pour y faire la grand'halte.

La cavalerie, après avoir protégé notre flanc droit, s'était portée sur le col de Tazzouguert, non sans précipiter par ses feux la fuite des Marocains. Le détachement Fesch continua la poursuite dans la direction d'Aoufous, le gros de la colonne, vers Tazzouguert. Sur tout le parcours, on rencontrait des approvisionnements abandonnés par les fuyards; quelques femmes et des enfants furent trouvés dans les tamarins, ainsi que des blessés et des morts.

Après avoir traversé le col, en prenant toutes les précautions d'ordre tactique nécessaires, la colonne établit son bivouac au ksar de Tazzouguert, où la djemaa demanda l'aman. L'avant-garde Fesch campa le soir sur l'Oued en Naam, et reçut l'ordre de rejoindre le lendemain.

La harka avait laissé 300 cadavres à Djorf; elle en avait certainement enlevé un grand nombre; pour qu'elle en ait abandonné une quantité aussi considérable sur le terrain de la lutte, il faut qu'elle ait subi d'énormes pertes. De notre côté, nous perdions un Saharien tué et deux blessés, un officier, le lieutenant Schwartz, et 25 hommes blessés.

§ 5. — Poursuite des débris de la harka et retour à Bou-Denib (du 8 au 14 septembre).

Le 8 septembre, la colonne se reposa à Tazzouguert; une reconnaissance, forte de deux escadrons de spahis, quelques goumiers et Sahariens, appuyés par une compagnie d'infanterie, sous les ordres du chef d'escadrons de Barry, reçut l'aman des ksours de Kaddoussa et El-Goran, et dispersa quelques fuyards.

Le 9, le colonel Alix, ayant appris que des groupes de Marocains s'étaient arrêtés à Toulal, laissa au col de Tazzouguert neuf compagnies, un escadron et une batterie de 75, et se porta par Kaddoussa, Irara et Baknou, sur Toulal, où les ksours étaient vides et où la colonne s'installa sur l'ancien camp de la harka. Comme la veille dans le col de Tazzouguert, les batteries montées eurent à surmonter les plus grandes difficultés de terrain; il fallut, à plusieurs reprises, préparer des passages avec la pioche, et elles n'arrivèrent au camp qu'à 11 heures du soir, avec leur bataillon d'escorte, après une marche des plus pénibles dans le lit du Guir, et sans avoir laissé en arrière ni un homme ni un cheval. Le lendemain, le commandant de Barry, avec ses deux escadrons et une compagnie montée, poussa jusque dans le Haut-Guir, vers Gourrama et Tagrirt. Un émissaire lui arriva, porteur d'une lettre collective de toutes les djemmaas offrant leur soumission.

Avant de reprendre la route de Bou-Denib, le commandant de la colonne, pour bien affirmer les résultats si brillants et si complets du combat de Djorf, envoya, le 11, trois reconnaissances divergentes, fortes d'un bataillon, une section d'artillerie et un détachement de cavalerie, dans le haut Tafilalet, vers les sources du Guir et de l'Oued-Haïber. Pour les appuyer, le groupe central se porta en réserve jusqu'à Gourrama.

Ces coups de sonde confirmèrent une fois de plus la dispersion complète de la harka; tous les ksours étaient à notre merci. Le colonel Alix envisagea avec raison sa mission comme terminée, et la colonne se mit en marche le 12 sur Tazzouguert et le 13 sur Bou-Denib. La formation se divisait en deux échelons : le premier comprenant toute l'artillerie montée, le second, formant arrière-garde, et fort d'un bataillon, un escadron et une section de montagne.

Le colonel Alix était justement fondé à adresser des félicitations à sa vaillante troupe; elle les avait méritées par son ardeur, son endurance, les capacités de marche et l'héroïsme dont elle avait fait preuve en présence d'un ennemi cinq à six fois supérieur en nombre.

Les opérations de la colonne du Haut-Guir feront époque. Elles ont démontré la possibilité, dans ces régions difficiles de l'extrême Sud, pendant une saison où la chaleur atteint son paroxysme et où, par suite, les ressources en eau sont réduites au minimum, d'entreprendre des mouvements d'une envergure de 260 kilomètres, avec une colonne de 4,000 hommes parmi lesquels on comptait deux bataillons européens et deux batteries montées, et cela, sans que le fonctionnement d'aucun service n'ait souffert. La situation sanitaire resta excellente, malgré que les différences de température entre les journées brûlées de soleil et des nuits très fraîches et même froides dans la région de Toulal, eussent mis la constitution des hommes à une rude épreuve.

La marche, d'abord entreprise en quatre échelons jusqu'à Bou-Anan, comporta pour deux de ces échelons des étapes exceptionnellement dures, dont l'une de 45 kilomètres; la route fut poursuivie en une seule colonne et en formation de guerre jusqu'à Bou-Denib sans en être ralentie. Le 7 septembre, un combat de cinq heures fut suivi d'une marche de 25 kilomètres. Grâce à une grande surveillance, à beaucoup d'expérience et d'énergie, ces efforts considérables furent accomplis sans que la troupe en éprouvât le moindre dommage et perdît de sa puissance offensive.

La colonne de manœuvre était largement pourvue d'artillerie; l'emploi presque exclusif et le rôle prépondérant de cette arme au combat a permis de diminuer notablement les chances de pertes. L'infanterie, bien dans la main de ses chefs, a su résister à la tentation d'engagements partiels et, par sa remarquable discipline de feu, a puissamment concouru au succès des opérations.

Enfin, il est intéressant de constater l'étendue des services rendus par les communications électriques et optiques et les postes d'observation, et d'attirer l'attention sur leur utilisation efficace dans le combat. On a vu à Bou-Denib, dans la nuit du 1er au 2 septembre, une artillerie, que le juste souci de sa sécurité avait conduit à placer à l'intérieur de la redoute, rendre les plus grands services pendant une journée entière en tirant avec précision sur une zone qu'elle ne voyait pas, grâce aux renseignements du poste optique du blockhaus. On a vu la même artillerie balayer pendant toute une nuit les abords d'un ouvrage sans qu'il eût à souffrir des conséquences désastreuses d'une erreur de repérage ou de pointage. Certes, conduits comme ils l'ont été, les feux d'infanterie eussent suffi à infliger aux assaillants d'énormes pertes ; il n'en est pas moins constant que les projectiles de l'artillerie ont apporté à la défense un appoint d'une extrême importance, qui n'a pas peu contribué à aider l'héroïque petite troupe à repousser ses agresseurs.

Enfin, au combat de Djorf, c'est encore le poste optique du blockhaus qui renseigna le commandement sur le mouvement qui menaçait la gauche de notre ligne. C'est la ligne télégraphique installée entre Colomb et Bou-Denib, qui permit au commandant de la colonne d'être prévenu de l'attaque du poste, et de prendre des mesures pour accélérer sa marche ; c'est grâce à cette même ligne que le commandement a pu être tenu au courant des opérations.

Quant au colonel Alix, il a montré, et ce n'est pas son moindre mérite, autant de prudence que de vigueur et de talents militaires. Après avoir obtenu, aussi décisif et aussi complet, le succès qu'il se proposait de remporter sur la harka, il en a poursuivi énergiquement les résultats, mais en se maintenant dans les limites qui lui avaient été tracées par le télégramme reçu de Paris le 15 août. Il a su conformer son action aux instructions de la dépêche ministérielle : dès que les Marocains ont eu entamé les hostilités, il s'est porté à leur rencontre, leur a infligé une sanglante défaite, les a dispersés et, en quelques journées d'opérations, a complètement nettoyé de groupes hostiles la zone déterminée par le commandement.

Il a rempli entièrement et exactement les instructions qu'il avait reçues, et ajouté une page glorieuse à nos annales africaines.

DOCUMENTS ANNEXES.

EXTRAIT

du compte rendu des opérations du commandant FESCH.

Bou-Denib, 20 septembre 1908.

I. — Aperçu général sur la période du **29 mai** au **12 août**.

Situation générale au 29 mai. — Les combats du 13 et du 14 mai avaient terminé les opérations commencées en mars. Le but recherché était atteint; la harka, déjà ébranlée par son sanglant échec de Menabha, était dispersée. Ses contingents s'étaient enfuis dans leurs ksours et leurs douars. Seul, un rassemblement, que les renseignements donnaient comme peu important, subsistait à Toulal.

Création d'un Commandement militaire du Haut-Guir. — L'installation provisoire d'une garnison de 1,500 hommes à Bou-Denib fut décidée. Elle était placée sous le commandement direct du commandant Fesch, du 2ᵉ Tirailleurs, qui, avec le titre de Commandant militaire du Haut-Guir, avait également sous ses ordres le poste de Bou-Anan, destiné à servir de poste intermédiaire sur la ligne d'étapes Béchar—Bou-Denib. La garnison de Bou-Anan était de 500 hommes commandés par le capitaine Rouquette, du 1ᵉʳ bataillon d'Afrique.

Au point de vue politique, le Commandant militaire du Haut-Guir devait exercer son action sur les ksours et populations nomades placés à l'Ouest du Djebel Zelmou.

A plusieurs reprises, soit verbalement, soit par écrit, le général commandant le Territoire et le général commandant la Division insistaient sur le rôle d'attraction politique et économique des nouveaux postes; sur la nécessité d'intervenir le moins possible dans l'administration des régions, « que nous n'occupions seuls qu'en attendant l'organisation d'une police franco-marocaine et pour assurer la sécurité de nos postes, la tranquillité des paisibles populations, la liberté des transactions commerciales ».

Action politique. — S'inspirant de ces instructions, le Commandant militaire du Haut-Guir évita d'une façon absolue de s'immiscer dans l'administration des ksours placés immédiatement sous l'action de nos postes : Bou-Denib, Ouled-Ali, Beni-Ouzien, Saheli, Bou-Anan, etc. ; comme par le passé, les djemmaas les administrèrent seuls.

Mais des infirmeries indigènes furent créées à Bou-Denib et Bou-Anan, qui, rapidement, reçurent la visite de malades toujours plus nombreux. Près de nos postes, des marchés furent établis, où les indigènes trouvèrent à vendre à des prix rémunérateurs leurs bœufs, leurs moutons, du bois, du fourrage, des fruits. Sur ces marchés, les transactions atteignirent très vite un chiffre important pour le plus grand bénéfice des quelques commerçants venus de Béchar, qui écoulèrent sans difficultés les marchandises qu'ils faisaient venir : sucre, thé, café, étoffes, etc.

Au commencement de juin, les Oulad-Naceur demandèrent l'aman et acceptèrent les conditions d'ailleurs légères qui leur furent imposées. Depuis, l'attitude de ces nomades, ou au moins de la plupart de leurs fractions, fut correcte ; ils y trouvèrent leur intérêt, puisque, en trois mois, l'administration leur acheta plus de 2,000 moutons.

Tout fut mis en œuvre pour entrer en relations avec les populations situées plus à l'Ouest.

Le chérif de Bou-Denib, Moulaï Ahmed ben Larbi, le kébir d'Ouled-Ali, Haddi Ould Mama, mettant leur influence à notre service, leur écrivirent de nombreuses lettres pour faire savoir que nous ne désirions que la paix, et que seule une agression pourrait nous faire pénétrer dans leur pays.

Une cinquantaine de prisonniers étaient tombés entre nos mains après le combat de Bou-Denib ; ils écrivirent à leurs djemmaas que, si celles-ci venaient les réclamer, on les leur rendrait sans conditions ; les djemmaas de Zrigat, d'El-Haïn, de Djorf (1), répondirent, vinrent se présenter au poste, et leurs prisonniers leur furent rendus.

Formation de la harka. — Cependant si tous ces efforts obtenaient les meilleurs résultats sur les populations des ksours voisins de nos postes et sur les nomades en relations constantes avec nous, comme les Oulad-Naceur, ils devaient échouer complètement vis-à-vis des populations de l'Ouest et du Nord, qui, poussées par quelques agitateurs irréductibles, échappant à notre action directe, continuaient à voir en nous, en dépit de nos affirmations réitérées, les futurs envahisseurs de leur pays.

---

(1) Près de l'Oued Gheris.

Un service de renseignements, largement organisé, nous tenait au courant, pour ainsi dire jour par jour, de l'état des esprits.

Bien vite, il apparut clairement que le rassemblement qui n'avait cessé de subsister à Toulal, se développait rapidement. Les Aït-Izdeg en formaient au début la majeure partie ; voisins immédiats des régions que nous occupions, ils se croyaient le plus directement menacés ; ils étaient résolus à nous chasser de Bou-Denib, et pas un instant leur résolution ne fut ébranlée. Mais, nous sachant forts, bien retranchés, bien armés, ils comprenaient que pour nous attaquer il fallait être nombreux. Aussi, ne cessèrent-ils d'envoyer partout des émissaires pour fanatiser les populations dans des régions de plus en plus éloignées. Ils étaient puissamment aidés dans cet appel à la guerre sainte par l'état de trouble dans lequel s'agite le Maroc depuis dix-huit mois ; ils reçurent à plùsieurs reprises des lettres d'encouragement ; des agitateurs connus, comme El-Kittani, de Fez, leur annonçait leur prochaine arrivée.

Le croquis n° 1 montre jusqu'où se fit entendre leur appel, et quelle distance certains contingents parcoururent pour venir finalement former à Tazzouguert, une harka de plus de 20,000 hommes.

Cette concentration ne s'effectua pas sans peine. Si les Aït-Izdeg furent toujours décidés à la lutte, bien d'autres, moins belliqueux, ne demandaient qu'à rester en paix ; c'est ainsi qu'au Tafilalet, au Tizimi, au Reteb, au Medagha, les ksouriens ne se décidèrent à marcher que sous la pression des tribus plus guerrières venues de l'extérieur, telles que les Aït-Ouazza, les Aït-Moghad, les gens du Todra, du Ferkla, du Gheris, etc.

Pendant plus de deux mois, leurs guerriers, disséminés dans les ksours, vécurent sans discrétion sur le pays. Ce n'est qu'à la fin de juillet, après échange de multiples myads avec la harka de Toulal, que tous, étrangers ou ksouriens, parvinrent à se réunir.

Vers le 25 juillet, deux rassemblements existaient : l'un à Mezguida, au Tafilalet, l'autre à Aoufous, au Nord du Reteb ; tous les ksours avaient fourni leurs contingents, les Oulad-Djerir, les Aït-Khebbach, quelques Doui-Menia rejoignirent bientôt. Le total atteignait 10,000 à 15,000 hommes.

Sur le Guir, l'action des Aït-Izdeg s'était étendue à des distances plus grandes encore. Les tribus de la Haute-Moulouïa, du Moyen-Atlas, arrivèrent peu à peu ; c'était les Oulad-Brahim, les Beni-M'Guild, les Aït-Tchoukman, les Aït-Haddidou, les Aït-Yaya, les Oulad-Khaoua. En dernier lieu, quelques Beni-M'tir, même, rejoignirent la harka. Pour bien prouver qu'ils étaient prêts à marcher et pour décider les hésitants, ceux qui étaient déjà rassemblés, se rapprochaient peu à peu de nous. C'est ainsi que le 1er juillet la harka était à Mellaha, le 25 entre Irara et El-Goran ; que le 3 août ses premiers groupes arrivaient à

Kaddoussa ; que le 11 août elle était tout entière réunie à Tazzouguert.

A plusieurs reprises il avait semblé, pendant cette longue période, que le découragement se mettrait dans les contingents ennemis ; le manque de vivres, la nécessité d'aller faire la moisson, la certitude que nous devenions tous les jours plus forts à Bou-Denib, furent autant de causes qui purent nous faire espérer une détente, nous encourager même à essayer de traiter avec les chefs des Aït-Izdeg. Mais ces espérances furent vite déçues ; des contingents allaient chercher des provisions, s'absentaient dix jours pour faire la moisson, mais finissaient toujours par revenir.

L'arrivée à Tazzouguert, annoncée trois mois auparavant, décida la harka du Tafilalet à se porter en avant et à faire sa jonction par Haci-Megdad. Elle eut raison des derniers hésitants comme les Aït-Aïssa, et, finalement, lorsque, le 15 août, la harka quitta Tazzouguert, pour déboucher du col, toutes les tribus dont on avait annoncé l'arrivée avaient envoyé leurs contingents. Tous les chefs, comme Boua-Sidi, qui avait rassemblé la harka de Taghit, Moulaï ou Lhassen, que ses défaites du mois de mai n'avaient pas découragé, d'autres qui n'avaient pas encore tâté de nos armes, comme Ali ou el Hadj Hammou ou Hassou, Haoussine Aoussef, etc., étaient là.

Seul Ali Amaouch, dont la silhouette nébuleuse n'avait pas cessé d'apparaître dans les renseignements, entouré de milliers de guerriers, manquait à l'appel.

Cette harka, que le cheik d'Aïn-Chaïr avait qualifiée sans indulgence de « troupeau sans berger », comptait plus de 20,000 hommes rassemblés à l'endroit que depuis trois mois elle avait décidé.

II. — Installation et mise en état de défense du poste.

A. — Garnison du poste. — Par notes de service du 18 mai (n° 127 ⁿ) et du 28 mai (n° 152ᵘ), le général commandant le Territoire fixait à 1,500 hommes l'effectif normal de la garnison du poste de Bou-Denib.

Certaines des unités n'étaient maintenues que provisoirement ; les unes (21ᵉ compagnie du 2ᵉ étranger et 20ᵉ compagnie du 1ᵉʳ étranger) jusqu'à ce que les compagnies de Tirailleurs fussent portées à 200 hommes, la 6ᵉ compagnie du 2ᵉ étranger à 250 ; les autres (14ᵉ batterie du 13ᵉ d'artillerie, la section de mitrailleuses du 1ᵉʳ zouaves) jusqu'à ce que leurs cadres aient pu faire l'instruction d'équipes prises dans la garnison du poste pour servir deux pièces de 80 de campagne et la section de mitrailleuses.

Le section de mitrailleuses du 1ᵉʳ zouaves quitta donc le poste le

1er juin 1908 ; la 20e compagnie du 1er étranger et la 21e compagnie du
2e étranger quittèrent le poste le 18 juillet. La batterie d'artillerie, en
raison de la situation, fut maintenue.

Pour des raisons d'ordre intérieur de régiment, la 6e compagnie du
2e étranger fut relevée par la 7e compagnie.

Le 13 août 1908, en raison de l'imminence d'une attaque, de la
nécessité de renforcer les postes extérieurs à la redoute, le Commandant militaire du Haut-Guir demanda qu'une compagnie supplémen-
taire de Tirailleurs, prise sur la colonne de manœuvre en formation à
Béchar, lui fût envoyée ; une demi-compagnie (21e du 3e Tirailleurs)
arriva au poste le 18 août 1908.

Finalement, le 1er septembre, jour de l'attaque du poste, la garnison
comprenait 1,614 hommes.

Choix de l'emplacement de la redoute et mise en état de défense. —
Après étude du terrain, faite de concert par le commandant militaire
du Haut-Guir, le lieutenant-colonel commandant supérieur du Cercle,
les généraux commandant le Territoire et la Division, l'emplacement
de la redoute fut choisi à proximité du Guir, à 1,500 mètres du ksar,
sur un terrain ondulé, formé de deux mamelons séparés par un ravin
peu accentué.

Les travaux pour assurer la sécurité du poste furent immédiatement
commencés. Avant tout, il fallait construire le mur d'enceinte : en un
mois, sans préjudice d'autres travaux marchant parallèlement, ce mur
qui a une longueur de 1,200 mètres, qui, partout, a 3 mètres de
haut, à certains endroits près de 5 mètres, fut construit, partie en pisé
au moyen de coffrages, partie en briques de terre dont on fabriqua jusqu'à 15,000 par jour.

Le mur fut doublé par un fossé continu de 1^m,50 de profondeur et
par un réseau de fils de fer.

Le croquis n° 2 montre comment fut organisé le flanquement des
différentes faces.

En dehors de ce rôle de flanquement immédiat, la tour et les bastions furent aménagés pour recevoir : l'une les deux mitrailleuses, les
autres des pièces d'artillerie destinées à battre au loin les alentours du
poste.

A l'intérieur, de nombreux parados faits, soit en briques, soit en
sacs à terre ou à orge, furent élevés et permirent de traverser l'intérieur de la redoute à l'abri des coups ; c'est ce qui explique le
petit nombre de blessés qu'on eut à déplorer les 1er et 2 septembre..

Ces travaux étaient à peu près terminés vers le 15 juillet ; quelques
travaux complémentaires furent exécutés pendant les derniers jours

qui précédèrent l'attaque. C'est ainsi que, profitant de la séguia (1) qui longe la face Sud du camp, on inonda tout le terrain à 50 ou 60 mètres de cette face, sur une largeur d'une quarantaine de mètres. Ce terrain devint un véritable lac de boue qu'on ne pouvait franchir sans y enfoncer jusqu'aux genoux ; le réseau de fils de fer, toujours sur cette même face, la plus exposée par suite de la proximité du Guir, fut doublée par un système de petits piquets et de trous-de-loup ; les tamarins qui couvraient les abords de l'oued furent coupés pour dégager complètement le champ de tir ; enfin, des fougasses pierrées furent construites en différents endroits.

En outre, le service du génie avait préparé des grenades, formées de pétards de mélinite et de cartouches, à jeter à la main sur les assaillants, des boules à feu pour les éclairer, etc.

B. — Postes extérieurs. — En même temps que ces travaux étaient exécutés à la redoute même, sa défense était complétée par des postes extérieurs.

Le côté faible du poste, comme il a déjà été dit, était la face Sud, et, pour cette raison, on avait soigné particulièrement ses fortifications. Mais la palmeraie, le terrain très coupé qui l'environne, forment pour l'assaillant une zone d'attaque excellente ; il importait de l'empêcher de s'y rassembler.

Un poste sur la gara de Taourirt-Iflane, une vieille tour placée entre la gara et la redoute, furent organisés dans ce but.

Enfin, en admettant que l'ennemi pénétrât dans la palmeraie, il fallait que le ksar ne tombât pas entre ses mains, et ne pouvant compter uniquement pour le défendre contre un ennemi très nombreux sur des ksouriens mal armés, on y plaça une petite garnison.

a) *Blockhaus de la gara de Taourirt-Iflane.* — Cet ouvrage avait donc pour rôle principal d'interdire à l'ennemi l'accès de la palmeraie. Placé sur une gara haute de 50 mètres, aux pentes très escarpées, il pouvait, avec son artillerie (deux canons de 80 de montagne), battre toute la plaine du Guir, toutes les pentes des garas qui forment au Sud les avancées de la hammada, les abords de la palmeraie, cette palmeraie elle-même.

A 1,500 mètres de la redoute, il pouvait, si c'était sur elle que se portait l'effort principal de l'ennemi, soutenir sa défense, et réciproquement, si l'ennemi se portait d'abord en masse sur lui-même avec l'idée de pénétrer dans la palmeraie après l'avoir enlevé, la redoute

---

(1) Rigole d'irrigation.

avec ses canons pouvait le soutenir à très bonne distance; c'est cette deuxième éventualité qui se produisit.

La garnison d'infanterie pouvait, à des distances moins grandes, aider l'action de l'artillerie.

Le blockhaus, dominant tout le pays, était en outre un merveilleux poste de surveillance. Muni d'une lunette d'approche, il était à même de signaler tous les mouvements qui se produisaient dans la plaine. Grâce à cet observatoire, on fut heure par heure tenu au courant des moindres faits et gestes de la harka, du moment où ses premiers cavaliers débouchèrent du col de Tazzouguert.

Enfin, au blockhaus, fut installé l'appareil optique de 40, qui permit de communiquer avec le poste optique placé à 2 kilomètres au Nord de Bou-Anan; on put ainsi supprimer le poste optique établi au début sur la gara des Ouled-Ali, à 8 kilomètres de Bou-Denib, poste très en l'air, et qui absorbait encore l'effectif d'une section.

Le croquis n° 3 montre l'importance des travaux exécutés au blockhaus. Le gros œuvre était terminé à la fin de juillet, mais certains détails, tel qu'une citerne contenant 2 mètres cubes d'eau, ne furent achevés que dans les derniers jours d'août.

b) *Tour des Goumiers.* — Cette tour, dont la garnison ne comprenait que de l'infanterie, formait ouvrage intermédiaire entre la gara et la redoute, et avait pour but également d'interdire à l'ennemi l'accès immédiat de la palmeraie et d'en surveiller particulièrement la lisière Ouest.

Déjà très forte par elle-même, cette construction indigène fut perfectionnée par le lieutenant d'Herbigny, chargé d'en assurer la défense.

Le croquis n° 4 donne les travaux exécutés, comprenant : fossé, fils de fer, inondation, fougasses pierrées, etc.

c) *Ksar.* — La garnison du ksar était destinée avant tout à aider les habitants à se défendre contre les entreprises de la harka. On leur avait fait distribuer 50 fusils modèle 1874 : la plupart après la prise de Bou-Denib, le 14 mai, ayant été désarmés, les autres n'ayant que des fusils à pierre. Le lieutenant Wolff, chargé du commandement de la défense, répartit ses 80 hommes (Tirailleurs et légionnaires) entre les portes et les tours; il leur adjoignit les habitants, fit faire les réparations nécessaires aux remparts.

De plus, quoique les habitants de Bou-Denib aient toujours eu une attitude absolument correcte, attitude qui ne se démentit pas pendant les combats du 1er et du 2 septembre, il fallait prévoir que leurs sentiments de fidélité, encore de fraîche date, pouvaient être ébranlés par un avantage initial de la harka. La garnison du ksar était là pour raffermir et au besoin forcer leur loyalisme.

Le chérif Moulaï Ahmed ben Larbi était adjoint au lieutenant Wolff pour la direction de la défense, et il se plia avec beaucoup de bonne volonté à tous les travaux et à tous les exercices qui lui furent prescrits.

Des otages, pris parmi ses proches parents, étaient retenus à la redoute depuis le débouché de la harka du Foum-Tazzouguert. En un mot, toutes les précautions étaient prises pour soutenir et au besoin contenir les habitants de Bou-Denib.

Communications. — A) *Avec l'arrière.* — Colomb et Bou-Denib furent reliés le 14 juillet, par la ligne télégraphique. En cas de rupture fortuite ou opérée par l'ennemi, elle était doublée par une ligne optique, dont les postes étaient à la gara du blockhaus, à 2 kilomètres au Nord de Bou-Anan, à El-Morra (El-Golla) et près de Talzaza.

B) La redoute était reliée par des appareils optiques avec le blockhaus, la Tour des Goumiers et le minaret du ksar.

De plus, une ligne téléphonique allait du ksar à la redoute.

Service de sûreté. — A) *Sûreté immédiate.* — a) *Pendant le jour.* — Chaque unité fournissait une sentinelle sur la portion de face qu'elle occupait.

Un service de vedettes était fourni par les Sahariens et les spahis, placés à environ 1 kilomètre du poste.

De plus, quand la harka fut arrivée à Tazzouguert, une patrouille de spahis, commandée par un sous-officier français, avait pour mission de rester dans la région de Djorf pour observer les patrouilles avancées de l'ennemi.

b) *Pendant la nuit.* — Depuis le commencement de juin, quatre postes extérieurs, composés de Sahariens à pied et d'indigènes, étaient placés à 4 kilomètres à l'Ouest du poste, sur le Guir et au Nord. Leur mission était, en cas de mouvement en nombre de l'ennemi, de se replier en tirant des coups de fusil, tout en évitant de se placer sur le champ de tir de la face menacée. A partir de l'arrivée de la harka à Tazzouguert, ils furent reportés sur la ligne des vedettes.

Des postes extérieurs, forts d'une section, étaient placés à 400 mètres environ de chaque angle de la redoute.

Les sentinelles restaient les mêmes que pendant le jour. Sur les bastions, les pièces d'artillerie étaient amenées, et leurs servants couchaient à côté.

Un service de quart, comprenant un officier et un sous-officier, était chargé de leur surveillance.

Au blockhaus, à la Tour des Goumiers, au ksar, postes toujours sur le qui-vive, le service de sûreté était forcément encore plus chargé.

B) *Sûreté éloignée.* — De nombreuses reconnaissances furent faites par l'escadron de spahis (capitaine Vidalin), la compagnie saharienne (lieutenant Husson), soutenus par des fractions d'infanterie.

Ces reconnaissances avaient pour but principal de reconnaître et de lever le terrain aux environs du poste; tout le pays, à 30 kilomètres environ, fut ainsi parcouru et étudié au point de vue de sa praticabilité aux différentes armes, notamment à l'artillerie.

Les ksours de Bou-Denib, Ouled-Ali, Beni-Ouzien fournissaient en outre des petits postes placés aux cols de la montagne, Défilia, Thalou-Frouh, Foum-Lechfar, etc., surtout pendant le passage des convois.

Les indigènes de ces petits postes, comme de ceux placés à l'Ouest de la redoute, malgré leur rôle particulièrement dangereux, firent toujours leur service très exactement. L'un d'eux, au Foum-Lechfar, attaqué par un djich, eut un homme tué.

Approvisionnements. — Le général commandant le Territoire avait décidé de porter à quatre mois les approvisionnements en vivres du poste; à 500 cartouches par homme, à 500 coups par pièce, les approvisionnements en munitions.

La constitution de ces approvisionnements qui, cependant, n'était pas complètement achevée le 1er septembre, nécessita de nombreux convois (un par semaine à peu près), qui, à mesure que la harka se rapprochait, demandaient des escortes plus fortement constituées.

Ces escortes, qui ne furent jamais inférieures à 200 fantassins, à 50 cavaliers, allaient chercher les convois à Beli Bila, à 28 kilomètres de Bou-Denib, où les amenait une escorte venue de Bou-Anan, et revenaient le lendemain.

III. — Compte rendu des opérations du 12 août au 1er septembre.

12 août. — Des émissaires annoncent que la harka, quittant les campements qu'elle occupait entre Kaddoussa et El-Goran, s'installe à Tazzouguert et environs, au débouché Nord du Rheneg-Tazzouguert, à 25 kilomètres environ de Bou-Denib.

13 août. — Le maréchal des logis Aïssa, de la compagnie saharienne, avec cinq Sahariens, exécute, dans la nuit du 12 au 13, une reconnaissance des campements de la harka; il s'approche par Défilia jusqu'au Djorf qui domine immédiatement Tazzouguert, et rend compte que des camps très nombreux sont établis près de Tazzouguert et au Nord.

15 août. — Le bruit se confirme que les contingents du Tafilalet, après s'être rassemblés à El-Boroudj et Aoufous, ont commencé à se porter sur Tazzouguert, pour faire leur jonction avec ceux du Nord.

16 août. — Le capitaine Vidalin (1er spahis), parti la veille au soir avec le lieutenant de Lesparda (officier d'état-major) et cinq spahis, s'est porté jusqu'à 15 kilomètres d'Aoufous, et rend compte qu'il a aperçu de forts campements, groupés au Nord de ce ksar, et entendu de nombreux coups de fusil dans la direction d'Haci-Megdad, point d'eau intermédiaire entre Aoufous et Tazzouguert; le mouvement des harkas du Tafilalet sur Tazzouguert est donc commencé.

18 août. — Arrivée au poste d'un peloton de la 21e compagnie du 3e Tirailleurs (capitaine de Montluc) et d'un peloton du 1er spahis, venus en trente-six heures de Saf-Saf à Bou-Denib (100 kilomètres). L'autre peloton est resté à Bou-Anan. Un renfort d'une compagnie pour Bou-Denib avait été demandé par télégramme n° 637 le 13 août, en raison de la charge qu'imposaient à la garnison de Bou-Denib les effectifs assez forts placés dans les postes extérieurs; il avait été demandé également une demi-compagnie pour Bou-Anan, dont la garnison était surchargée par le service des escortes.

Ce renfort amenait un petit convoi portant 50 fusils 1874 et des munitions destinées à armer les habitants du ksar.

Il avait été accompagné jusqu'à Beli Bila par 300 hommes du poste de Bou-Anan, et de Beli Bila à Bou-Denib par 400 fusils venus de Bou-Denib. Ces troupes étaient revenues sans arrêt, faisant une double étape en dix-huit heures.

21 août. — Tous les renseignements concordent pour donner comme terminées les jonctions des harkas du Tafilalet avec celle du Guir.

22 août. — A 5 heures du soir, la patrouille de spahis en surveillance à Djorf rend compte qu'un fort parti de cavalerie ennemie sort du col de Tazzouguert et se dirige sur elle.

Immédiatement, la cavalerie du poste (spahis et compagnie saharienne), soutenue par la compagnie montée et la compagnie franche de Tirailleurs, se porte à sa rencontre, mais l'ennemi, sans avoir dépassé Djorf, regagne la montagne. Les troupes rentrent au camp à 8 heures du soir.

26 août. — Dans la nuit du 25 au 26 août, vers 11 heures du soir, une trentaine de Berabers s'approchent du camp. Les plus audacieux arrivent jusqu'aux fils de fer, au pied de la tour des mitrailleuses, et tirent sur nos sentinelles qui leur répondent.

27 août. — Quelques coups de feu sur une sentinelle de la face Sud.

Une douzaine d'hommes a suivi l'oued, entre la Tour des Goumiers et la redoute. Quelques-uns ont même pénétré dans la palmeraie. D'autres ont coupé la ligne télégraphique à 800 mètres du poste, sciant un poteau et coupant le fil de fer en deux endroits.

La ligne est réparée dans la matinée, par les soins du lieutenant Playoust.

A midi, le lieutenant Vary, commandant le blockhaus, signale que des groupes nombreux débouchent du col de Tazzouguert; leur mouvement est protégé par une nombreuse cavalerie qui patrouille à 4 ou 5 kilomètres en avant du col.

Du blockhaus, à la lorgnette, l'observation est facile. Jusqu'à 4 heures, le débouché continue, les tentes se montent et finalement trois immenses camps se trouvent établis sur la rive droite du Guir, entre la sortie du col et la Garet-el-Hazel, sur une longueur de 7 à 8 kilomètres; on voit des centaines de tentes; d'autres sont cachées par les ondulations du sol.

Les renseignements, le soir même, confirment que toute la harka se trouve rassemblée dans ces camps.

28 août. — La situation reste la même; peu de mouvements en avant des camps ennemis.

29 août. — Coups de fusil dans la nuit, tirés sur la sentinelle de la tour des mitrailleuses. Cette sentinelle et deux de ses camarades y répondent.

D'autres coups de feu sont également tirés, au même moment et à 2 heures du matin, sur le petit poste des goumiers, à 800 mètres de la Tour, qui fait preuve du plus grand sang-froid, en restant sans bouger à ce poste avancé.

Le matin, les traces de sang, et plus tard les renseignements, font connaître que trois Marocains ont été blessés.

Dans la soirée, un émissaire du chef de la harka apporte une lettre. On le renvoie sans réponse.

30 août. — Dans la matinée, le commandant fait sortir quatre compagnies de Tirailleurs, la compagnie de légion montée, sans ses mulets, la batterie de 75 et la cavalerie.

La manœuvre a pour but de faire croire à la harka que nous marchons sur elle, de la faire sortir de ses campements, puis de nous retirer devant son mouvement en avant, pour l'entraîner à venir nous attaquer dans nos murs, lui enlever l'idée d'aller s'installer dans une des palmeraies du Guir, d'où elle aurait été très difficile à déloger, comme l'avait prouvé, le 13 mai, le combat de Beni-Ouzien.

L'infanterie avait ordre de ne pas dépasser les mamelons situés à 2,800 mètres du camp, la cavalerie, de couvrir son mouvement en s'avançant un peu dans la plaine.

Le mouvement s'exécute; l'artillerie envoie quelques coups de canon dans la direction de la harka et sur Djorf, où se montrent quelques rassemblements.

De la gara, on observe un grand émoi dans les camps. Fantassins et cavaliers en sortent.

Nos troupes se retirent ; l'ennemi ne poursuit pas son mouvement en avant.

31 août. — Dans la matinée, manœuvre analogue à celle du jour précédent.

Le mouvement de l'ennemi est plus franc ; ses cavaliers et quelques groupes de fantassins arrivent jusqu'à 1,500 à 1,800 mètres de notre cavalerie, tirant quelques coups de fusil. Quelques-uns (une cinquantaine environ) suivent notre rentrée au poste et arrivent jusque sur les crêtes à 1,200 mètres des murs.

Vers 2 heures, la gara signale que des groupes nombreux sont restés autours de la gara de Djorf, à 4 kilomètres en arrière du bordj. D'autre part, des émissaires annoncent depuis la veille que toute la harka va venir s'installer à proximité de Djorf.

Dans la soirée, de la gara, on mande que les rassemblements dans cette région s'augmentent (1).....

IV. — Fin.

Pendant plus de quatre mois, la garnison de Bou-Denib fournit un effort considérable.

Les travaux de défense furent exécutés sans arrêt, avec la hâte fébrile que nécessitait la présence de l'ennemi, qui, à partir du 25 juillet, était à 35 kilomètres du poste, plus près de lui que Mengoub de Menabha, qui, à partir du 12 août, était au contact. Le repos du dimanche même était supprimé.

Il avait fallu, de plus, creuser des puits, aménager des cuisines, construire des bâtiments pour l'infirmerie, le télégraphe, etc.

A ces travaux s'ajoutaient les fatigues de reconnaissances nombreuses, d'escortes de convois, qui, à peu près régulièrement, quatre jours par semaine, faisaient sortir une grosse fraction de la garnison, enfin, d'un service de sûreté forcément très chargé.

Pendant toute cette période, tous, officiers et soldats, couchèrent tout habillés, prêts à la moindre alerte.

Cependant l'entrain ne se démentit pas un instant et, malgré la chaleur torride, malgré les ouragans de poussière qui continuellement

---

(1) La partie du compte rendu relative aux combats de Bou-Denib (1ᵉʳ et 2 septembre), de Djorf (7 septembre) et à la poursuite des débris de la harka n'est pas reproduite ici. Ces opérations ont été exposées plus haut avec tous les détails nécessaires (Voir p. 8 à 24).

envahissaient le camp, malgré les légions de mouches, qui n'étaient pas un des moindres désagréments, la bonne humeur ne cessa de régner.

L'attaque du 1er septembre vint récompenser la garnison de ses peines, et lui prouver que tous ses efforts n'avaient pas été vains; malgré l'attaque d'un ennemi dix fois plus nombreux, grâce aux dispositions prises, l'ennemi dut se retirer, laissant sur le terrain un grand nombre de cadavres, alors que de notre côté nous ne perdions qu'un homme, nous n'avions que cinq blessés graves.

Jusqu'au 5 septembre, la garnison de Bou-Denib attendit, sans impatience, l'arrivée de la colonne du colonel Alix; après comme avant l'attaque, personne n'avait douté que le poste, s'il n'était pas assez nombreux pour prendre l'offensive, n'était en état de résister indéfiniment à la harka.

Le 7 septembre, le colonel Alix fit au groupe de Bou-Denib l'honneur de lui confier l'avant-garde. Dans cette journée, il perdit 1 homme et eut 13 blessés, alors que les pertes totales furent de 1 tué et 23 blessés.

Description sommaire du blockhaus et de ses moyens de défense.

Le blockhaus est construit sur une gara située à 1,600 mètres au Sud de la redoute et dominant le Guir de 40 mètres.

Cette gara (dite du blockhaus), presque à pic sur sa partie Nord, face à la redoute, est accessible, pour des piétons principalement, à l'Ouest, au Sud et à l'Est.

Le blockhaus est construit presque à l'extrémité Est.

Moyens de défense.

A l'extérieur. — Des murs en briques ou en maçonnerie ou en pierres sèches, ainsi que trois plates-formes d'artillerie, permettant de faire face à une attaque dans toutes les directions.

Un réseau de fils de fer de 2 mètres de largeur, sur les faces Est, Sud et Ouest (la face Nord étant pour ainsi dire à pic).

Des tessons de verre semés dans le bengali, aux abords de la plate-forme Est d'artillerie et aux abords immédiats du blockhaus, sur les faces Est, Sud et Ouest.

A l'intérieur. — Les murs du rez-de-chaussée, garnis de verres à la crête.

Ceux de l'étage supérieur, garnis de grosses pierres faciles à faire tomber sur des assaillants qui auraient réussi à arriver au pied.

Vingt couples de pétards de mélinite de 135 grammes, munis d'un bout de mèche longue et d'un détonateur.

Deux bombes formant grenades à main (une à chaque étage), confectionnées par les soins du lieutenant Burtz, du 2e génie, se composant de : un pétard d'amorce maintenu dans l'axe d'une boîte cylindrique en métal, remplie elle-même de mélinite, de quelques amorces au fulminate, de balles et de débris de ferraille. Une mèche lente de 10 centimètres amorcée au pétard.

Munitions. — 14 caisses de munitions d'infanterie ; 578 obus divers et boîtes à mitraille.

Vivres. — 8 jours de vivres de réserve.

Eau. — Une citerne contenant 2,000 litres d'eau et 40 tonnelets d'eau de 50 litres.

Rôle du blockhaus comme observatoire et poste optique.

Le blockhaus, qui domine tout le terrain environnant, avait également pour mission de renseigner le commandant sur tous les mouvements qui se produisaient. Une lunette de place y avait été installée, permettant l'observation incessante dans toutes les directions.

Aucun mouvement de la harka, dont on voyait parfaitement les camps installés dans la plaine dès le 27 août, n'a pu de ce fait échapper à l'observation.

Grâce à la télégraphie optique, tout renseignement pouvait être transmis instantanément à la redoute.

Enfin le poste optique correspondant avec Bou-Anan était installé au blockhaus.

Ordre n° 23.

Bivouac de Bou-Denib, 16 septembre 1908.

Avant le départ pour Colomb du premier échelon de la colonne, le Colonel commandant la colonne tient à féliciter de nouveau M. le commandant Fesch et les troupes de la garnison de Bou-Denib de leur héroïque défense du 1er septembre.

Il les remercie de l'indispensable appoint et du concours précieux que le Commandant et les troupes ont apporté à la colonne au combat du 7 et pendant toute la période de la poursuite.

Le 7, ils étaient à l'avant-garde et ont vigoureusement engagé et conduit le combat de front. Dans la soirée, ils se sont rapidement et énergiquement portés dans la direction du Sud-Ouest pour venir, ensuite, rejoindre la colonne le lendemain, à Tazzouguert.

Ils ont enfin pris une part active à la poursuite sur le Haut-Guir.

Le Colonel souhaite au Commandant et à la garnison de nouveaux succès dans le poste d'honneur dont ils ont la garde, et qu'ils ont déjà honoré davantage.

Le Colonel commandant la colonne de manœuvre,

L. ALIX.

CORRESPONDANCE ÉCHANGÉE

ENTRE LE POSTE DE LA GARA ET LA REDOUTE

PENDANT LE COMBAT DES 1er ET 2 SEPTEMBRE 1908

PAR LA TÉLÉGRAPHIE OPTIQUE

31 août 1908.

Lieutenant Gara à Commandant.

Tous les groupes de la plaine se sont repliés.

Toutefois le bordj (Djorf) est fortement entouré; deux feux ont été allumés près du bordj. J'ai chargé le lieutenant Naudé de vous donner tous les détails.

3 heures soir.

Prière d'envoyer deux mulets pour corvée d'eau (urgent).

5 heures soir.

Je vois des groupes nombreux se diriger sur Djorf. Des tentes sont déjà montées depuis quelques instants aux environs Nord de Djorf. Un cri d'appel, semblant partir de la pointe P, a été entendu par la sentinelle de la plate-forme d'artillerie.

7 heures soir.

L'arrivée à Djorf continue. D'autres tentes se montent entre la Gara Djorf et Djorf, ainsi qu'au Nord de Djorf.

1ᵉʳ septembre 1908.

6 h. 30 matin.

Je vois de gros rassemblements sur la Gara Djorf, autour du bordj. Le nouveau camp augmente. Un gros mouvement a lieu entre les anciens camps, qui existent encore, et les nouveaux camps. Je vois quelques groupes de cavaliers ennemis dans la plaine, se dirigeant sur notre camp.

7 heures matin.

Je ne vois plus rien dans les anciens camps. Tout avance vers Djorf et s'installe en arrière sur Guir. Deux gros rassemblements, installés sur deux petits mamelons, dans la plaine au Nord-Ouest de Djorf, couvrent le mouvement. Une patrouille de quinze cavaliers est face à face avec nos spahis.

Je vois quatre cavaliers aux environs de la Gara D. Même situation dans la plaine.

8 heures matin.

De Lesparda a emporté son croquis ici pour le compléter. La Gara D est la plus éloignée au Sud-Ouest du blockhaus de la grande Hamada.

Les fantassins de l'Oued ne dépassent pas Djorf. L'installation des camps continue. L'escadron de spahis est arrêté face au groupe de cavaliers ennemis également arrêté et déjà signalé.

Commandant à Lieutenant Gara.

Ne peut retrouver croquis Lesparda. Quoi gara U? Ne voyez-vous pas fantassins ennemis dans l'Oued signalés par spahis?

9 heures matin.

Le centre des camps est à la Gara Djorf; ils s'étendent à gauche sur toute la crête U, et à droite jusqu'au mamelon jaune sur les deux rives. Je vois dans la plaine quelques groupes de fantassins et de cavaliers dans la direction des spahis.

12 h. 40 soir.

Je vois deux groupes de vingt fantassins environ sur le cap D; d'autres groupes égaux traversent en ce moment le coude du Guir pour se diriger sur le cap.

12 h. 50 soir.

La crête du cap D se garnit de Marocains, qui semblent y travailler; d'autres groupes, venant du coude du Guir, vont les rejoindre.

1 heure soir.

De grosses colonnes sortent des camps et traversent en ce moment le Guir dans la boucle du coude. Elles semblent marcher sur le poste. Je continue à observer.

1 h. 45 soir.

L'attaque se prononce nettement et en masse sur le poste. Toute la plaine est garnie. Les premiers sont à 3 kilomètres du camp.

3 h. 30 soir.

Désignez les objectifs par rapport au croquis du lieutenant de Lesparda pour faire tirer le 75.

Que batterie de 75 allonge le tir. L'ennemi nous entoure partout par le Sud.

3 h. 45 soir.

Au Sud du blockhaus, un gros rassemblement derrière le piton des sahariens. Faites tirer 75.

4 heures soir.

Le ravin parallèle à votre face Ouest est garni de fantassins.

4 h. 15 soir.

Les mamelons Sud, 1er étage, au Sud du blockhaus, se garnissent.

4 h. 20 soir.

Le tir du 75 est trop court. Faites tirer 75 sur la crête même.

4 h. 30 soir.

Le tir du 75 n'atteint pas le piton des sahariens, vous tirez trop à l'Ouest.

Commandant à Lieutenant Gara.

Que deviennent les campements?

Cherchez à préciser plus gros rassemblements ennemis par rapport à points vus du camp.

Que voyez-vous maintenant?

Au Maréchal des logis d'artillerie.

Combien d'obus tirés et la nature?

Indiquez si coup tiré sur mamelon est long ou court?

Appréciez coups artillerie.

Fauchez avec le 75 les crêtes Sud du blockhaus, 1ᵉʳ étage, qui sont garnies très fortement. Je n'ai pas les croquis 3 et 4.

5 heures soir.

Coup tiré juste. Je ne vois pas les campements, brume épaisse.

5 h. 20 soir.

Je vois de gros rassemblements au Sud du blockhaus, 2ᵉ étage, sur l'alignement tour des mitrailleuses et sur tout le Guir jusqu'à la dune, à 1 kilomètre du camp. Les crêtes Sud du blockhaus, 1ᵉʳ étage, sont toujours occupées.

5 h. 30 soir.

Les crêtes du 1ᵉʳ étage, au Sud du blockhaus, font un feu sur moi et commencent à descendre sur le blockhaus. Faites tirer le 75, si possible.

7 h. 50 soir.

Assaut du blockhaus; faites tirer 75 derrière, à droite et à gauche.

8 heures soir.

Tir long; tirez de 200 à 300 mètres de chaque côté.

8 h. 30 soir.

Nous sommes entourés et ce n'est pas le moment de se montrer.

Comment ça va ?

Nous sommes entourés de tous côtés, excepté au Nord. Les tirs sont un peu longs, et faites tirer à 200 ou 300 mètres à droite et à gauche du block-haus. Faut-il laisser toujours feu fixe ?

Feu fixe tant que l'artillerie tirera.

9 heures soir.

Demande sens du dernier coup ?

Par rapport à vous, un peu trop à droite.

De 20 à 30 mètres trop court. Un coup vient d'être porté près de nous.

Comment sont coups au col Est ?

Coups sont bien, mais activez le tir. Bien en direction, mais 100 mètres trop courts, les coups de votre droite; ceux du col, on le dira tout à l'heure

Tir très bon, mais activez.

10 h. 30 soir.

Bien en direction, mais un peu court.

Comment ça va maintenant ?

Toujours cernés, mais comptez sur nous.

Sens du dernier coup ?

Trop court, activez, légèrement court.

Dernier coup légèrement long, activez.

Vaut-il mieux tirer à l'Est ou à l'Ouest ?

Légèrement court et pointez extrémité Ouest de la Gara.

Trop long.

Trop long.

Continuez à tirer à ce point.

A l'Ouest.

Le tir est bon, continue pour dégager la crête.

Activez.

11 heures soir.

Combien estimez-vous d'ennemis autour de vous?

Impossible évaluer, mais crois plusieurs milliers.

Sont-ils arrivés aux fils de fer ?

Sont parvenus jusqu'aux fils de fer et des cadavres nombreux sont semés tout autour du blockhaus.

Ça se calme-t-il?

Toujours la même chose. L'extrémité gauche est toujours occupée.

Pas de pertes chez vous ?

Je suis ravi de tous mes hommes. Un blessé mortellement, des Tirailleurs. Continuez à tirer le 75 à l'Ouest.

Bravo deux fois!

Très bien les coups; un peu plus court serait bien.

Les coups sont un peu trop bas; ils tombent dans le rocher de la gara.

Un peu court.

Pouvez-vous communiquer avec Ksar?

Impossible de communiquer avec Ksar, ils tirent dans l'appareil.

Que devenez-vous?

Par leurs cris, ils se disent rassemblement pour monter à l'assaut; faites tirer le canon à Ouest Gara.

Trop court.

Court.

Trop court.

Court.

Un peu trop long.

Portée bonne. Tirez plus à l'Ouest à obus débouché.

Sens du dernier coup?

Bon de direction, légèrement court.

Faites tirer dans le col et sur la petite Gara, à l'Est du blockhaus.

Communication interrompue avec Bou-Anan; essayez optique dès que vous le pourrez.

Long.

Lieutenant a donné ordre éteindre appareil de 40, car sert de cible.

Long.

Long.

Long.

Un coup de chaque côté continuellement.

Bon.

Tirez à l'Ouest du mamelon pour dégager.

Bon.

Faites tirer le 75 à l'Ouest du blockhaus, tir progressif.

Pourquoi progressif?

Continuez comme avant et non progressif.

Long.

2 septembre 1908.

2 heures matin.

Pourquoi tant tirer puisqu'on n'entend plus ennemis? Artillerie obligée ménager ses munitions dont grand nombre consommées. Éclairez abords avec phare paraissant et disparaissant. Demandez secours artillerie, seulement si nécessité absolue.

Nous ménageons nos munitions, mais ennemi est en grand nombre; et tirez.

Inutile d'allumer phare; vois assez bien; demanderai secours à artillerie qu'en cas de nécessité.

2 h. 30 matin.

Combien avez-vous brûlé de cartouches?

Cartouches brûlées 11 caisses, restent 3.

En plus des trois caisses qui vous restent, combien les hommes en ont-ils sur eux?

Les hommes ont sur eux en moyenne 4 paquets.

Prévenez quand vous voudrez faire tirer artillerie. Et vos pétards?

Nous avons lancé 4 pétards; il en reste encore 16, plus la boîte de flageolets.

Les pétards ont-ils fait de l'effet?

Très bon effet.

3 heures matin.

Voulez-vous un ou deux coups de canon?

Je ne suis plus si pressé à l'Est. Je ne vois plus rien, mais à l'Ouest, il y a de grands rassemblements; je les entends même nous insulter, vous pouvez envoyer coup.

Un ou deux à l'Ouest.

De suite.

Bon.

Je les enverrai sitôt que vous me le demanderez; surtout ménagez vos munitions.

5 heures matin.

Prière m'envoyer un obturateur et 15 caisses de cartouches. Prière envoyer chercher le mort.

Faites connaître immédiatement ce que vous voyez autour de nous et ce que sont devenus les campements de la harka.

Je vois des groupes rentrer au camp, mais sont encore complets. Aucun mouvement important ne se prononce sur nous. Cette nuit a été pénible, nous sommes dégagés. Il ne reste plus que quelques isolés. Nous avons subi cinq assauts, dont trois importants, où nous nous sommes servis de cartouches (pétards de mélinite amorcés).

Composition de la colonne de manœuvre.

Colonel ALIX, du 2ᵉ étranger, *Commandant la colonne.*

État-major	Commandant GUEYDON DE DIVES, chef d'état-major. Capitaine PRIOU, de l'état-major du 19ᵉ corps. Capitaine ROLLAND, de l'état-major de la division d'Oran. Capitaine FÉRAL, de l'état-major du territoire d'Aïn-Sefra. Lieutenant FRANÇOIS, du 2ᵉ étranger.
Service des renseignements	Lieutenant-colonel PIERRON, commandant supérieur du cercle de Colomb, chef de service. Capitaine BERRIAU, { du service des Af- Officier interprète BAUDIN, { faires indigènes.
Commandant de l'infanterie	Lieutenant-colonel SIMON, du 1ᵉʳ Tirailleurs.
Commandant la cavalerie	Chef d'escadrons DE BARRY, du 2ᵉ spahis.
Commandant l'artillerie.	Chef d'escadron SÉGUIN, du 12ᵉ d'artillerie.
Commandant le génie.	Capitaine LOBLIGEOIS, chef du génie de la colonne.
Service de santé	Médecin principal VACHEZ, médecin-chef de l'ambulance mobile.
Services administratifs.	Adjoint à l'intendance RABALLET.
Parc d'artillerie	Capitaine SAINT-OYANT, du 11ᵉ bataillon d'artillerie à pied.
Train des équipages . . .	Lieutenant MORBIEU, du 18ᵉ escadron du train.
Services de l'arrière . . .	Colonel GARD, du 1ᵉʳ zouaves, chef des services de l'arrière. Commandant CANTON, du 2ᵉ étranger. Sous-intendant militaire de 2ᵉ classe POULARD.

4

Infanterie	IIIᵉ bataillon du 2ᵉ étranger.
	Bataillon de { 6ᵉ et 8ᵉ comp. du 2ᵉ étranger.
	   marche.. { 18ᵉ et 20ᵉ comp. du 1ᵉʳ étranger.
	IVᵉ bataillon du 1ᵉʳ Tirailleurs.
	Bataillon de { 19ᵉ et 20ᵉ comp. du 1ᵉʳ Tirailleurs.
	   marche.. { 23ᵉ et 24ᵉ comp. du 3ᵉ Tirailleurs.
	1ᵉʳ bataillon du 2ᵉ Tirailleurs.

Cavalerie	3ᵉ escadron du 2ᵉ spahis. 4ᵉ escadron du 2ᵉ spahis. Goum de Géryville (100 cavaliers). Comp. saharienne de Colomb (60 cavaliers).
Artillerie	16ᵉ batterie du 12ᵉ d'artillerie. 18ᵉ batterie du 12ᵉ d'artillerie. Section de montagne, lieutenant GERBENNE, du 12ᵉ régiment. Section de montagne, lieutenant RICHARD, du 12ᵉ régiment.
Génie	Détachement de sapeurs-mineurs. Détachement de télégraphistes.
Train	Détachement de conducteurs (mulets, arabas).
Parc d'artillerie	
Service de santé	Détachement d'ambulance mobile.
Services administratifs .	Détachement d'ouvriers d'administration.

Composition de la garnison du poste de Bou-Denib à la date du 1ᵉʳ septembre 1908.

Commandant d'armes : chef de bataillon FESCH.
État-major : lieutenant DE LESPARDA.

UNITÉ.	COMMANDANT DE L'UNITÉ.	OFFICIERS.	HOMMES.	CHEVAUX.	MULETS.
2ᵉ Tirailleurs :					
13ᵉ compagnie	Capitaine PÉTREMENT..	4	164	2	9
22ᵉ compagnie	Capitaine MONJOT.....	4	139	1	16
3ᵒ Tirailleurs :					
21ᵉ compagnie (1 peloton)	Capitaine DE MONTLUC.	2	75	1	3
13ᵉ compagnie	Capitaine PERRIER....	4	166	2	»
14ᵉ compagnie	Capitaine FALCONETTI .	4	161	1	»
1ᵉʳ étranger :					
24ᵉ compagnie montée (1).	Capitaine MAURY......	3	256	3	(1)140
2ᵉ étranger :					
7ᵉ compagnie..........	Capitaine LANÇON.....	3	169	1	»
1ᵉʳ spahis :					
5ᵉ escadron............	} Capitaine CÔTE.......	8	150	186	»
1 peloton du 2ᵉ escadron.					
13ᵉ d'artillerie :					
14ᵉ batterie (de 75)	Capitaine FAVEREAU...	3	88	99	»
12ᵉ d'artillerie :					
15ᵉ batterie (de montagne).	Lieutenant NAUDÉ.....	1	50	36	»
2ᵒ génie :					
Télégraphistes et sapeurs.	} Lieutenant BURTZ. .... Lieutenant PLAYOUST..	3	54	14	»
*Service de santé..........	Médecin-major BLARY.	4	10	2	»
*20ᵒ section C. O. A........		1	13	»	»
*Train des équipages		»	15	21	»
*Affaires indigènes........		4	4	7	»
Compagnie saharienne de Colomb	Lieutenant HUSSON....	1	75	76	»
Goumiers...............		»	25	25	»
		49	1,614	477	138

(1) Comprend une section de mitrailleuses.

État des hommes tués et blessés pendant le combat du 1er septembre 1908.

Bou-Denib, 2 septembre 1908.

CORPS.	COMPAGNIES, escadrons ou batteries.	NOMS.	GRADES.	NATURE DES BLESSURES.
			Tué.	
3e Tirailleurs.	14e comp.	AMOR	Clairon. . . .	Tué d'une balle dans la tête.
			Blessés.	
2e Tirailleurs.		MOHAMMED BEN TOUMI.	Sold. 2e cl.	Éraflure du nez et plaie du cuir chevelu.
2e Tirailleurs.	22e comp.	KAMOUN	Sold. 1re cl.	Plaie pénétrante de la main droite à la partie moyenne ; séton du bras droit à la partie moyenne.
3e Tirailleurs	14e comp.	ABRIKH	Sold. 2e cl.	Contusion légère de la jambe droite. Sans gravité.
3e Tirailleurs.	21e comp.	BEN ALI	Sergent. . .	Séton du genou droit. Gravité peu accentuée.
3e Tirailleurs.	14e comp.	MÉROUCHE. . .	Sergent. . .	Blessures à l'épaule droite et à l'oreille droite par éclats de pierres.
1er étranger..	24e comp.	ARCHENTINI...	Sold. 2e cl.	Plaie pénétrante de la poitrine, côté droit, à trois travers de doigt en avant de l'aisselle. Gravité moyenne.
1er étranger..	24e comp.	LEPPERT	Sold. 1re cl.	Plaie de la cuisse droite et du mollet gauche. Gravité légère.
1er étranger..	24e comp.	KŒNIG	Sergent. . .	Légère blessure au bras gauche (éclats de pierres).
1er étranger..	24e comp.	LESEAUX	Sold. 2e cl.	Blessé à l'index de la main droite (ricochet de balle).
2e étranger..	7e comp.	SIMON	Sold. 2e cl.	Plaie du bras droit, au niveau de l'insertion du deltoïde. Gravité légère.

Blessés. (*Suite.*)

CORPS.	COMPAGNIES, escadrons ou batteries.	NOMS.	GRADES.	NATURE DES BLESSURES.
2ᵉ étranger.	7ᵉ comp.	KUPPEL.....	Sold. 2ᵉ cl.	Plaie en séton de la région lombaire, projectile entré à quatre travers de doigt au-dessous du mamelon. Balle effleurant la peau au niveau de la région lombaire droite. Gravité assez accentuée.
1ᵉʳ spahis...	5ᵉ escad.	SAC........	Maréchal des logis.	Contusion violente de la racine du nez et de l'orbite droite (par balle). Gravité légère.
1ᵉʳ spahis...	5ᵉ escad.	BEL KODJA...	Sold. 2ᵉ cl.	Très légère contusion à l'œil droit (chute d'une balle morte).
12ᵉ d'artillerie	15ᵉ batt.	BAHUET.....	Maréchal des logis.	Blessure légère à la jambe droite (éclats de pierres).
1ᵉʳ étranger.	24ᵉ comp.	DESHAYES....	Caporal.	Légère blessure au menton et à la poitrine par une pierre lancée de l'extérieur.

SOMMAIRE

DOCUMENTS ANNEXES

CARTES ET CROQUIS

Paris. — Imprimerie R. Chapelot et C°, rue Christine, 2.

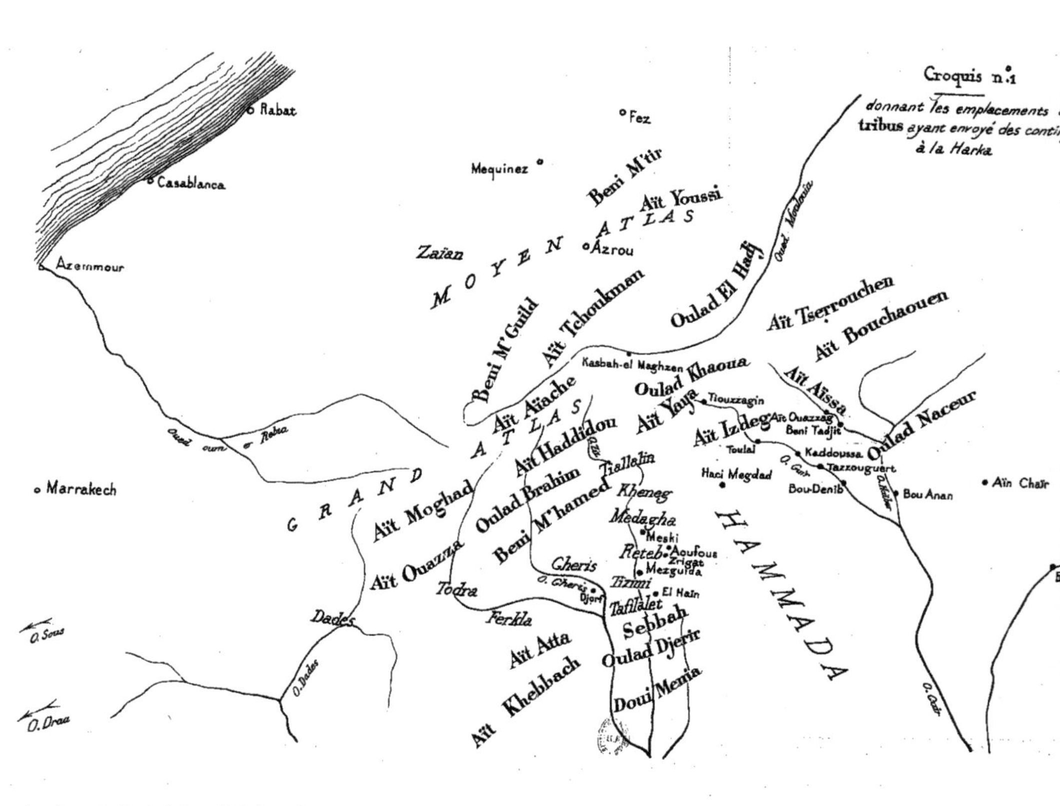

La colonne du Haut-Guir en Septembre 1908.

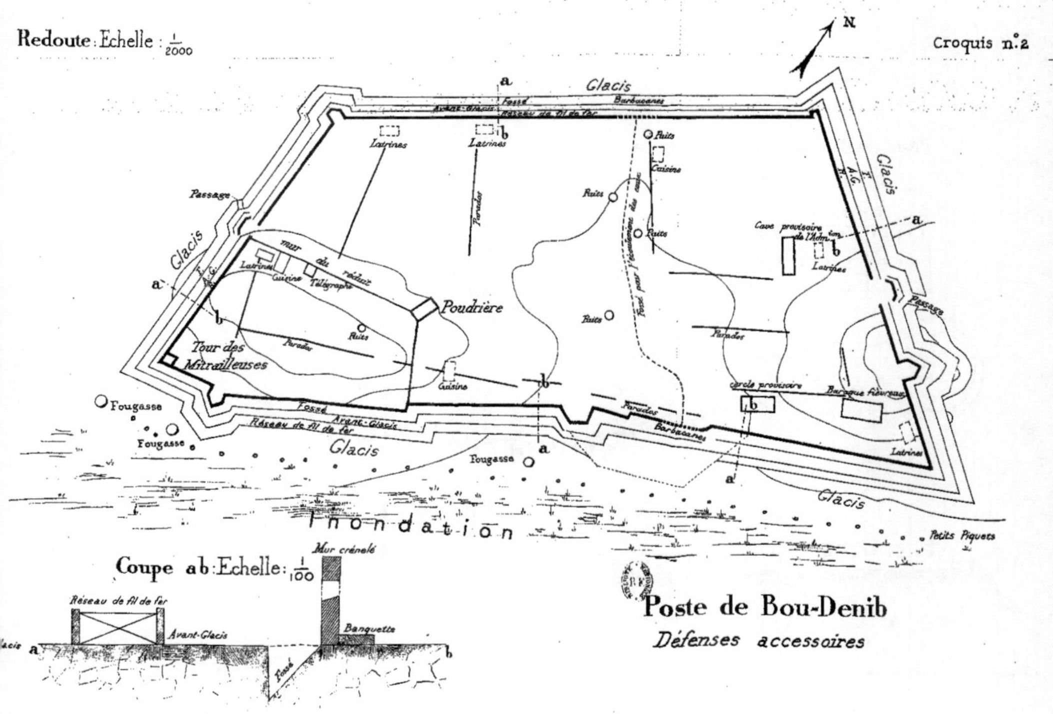

La colonne du Haut-Guir en Septembre 1908.

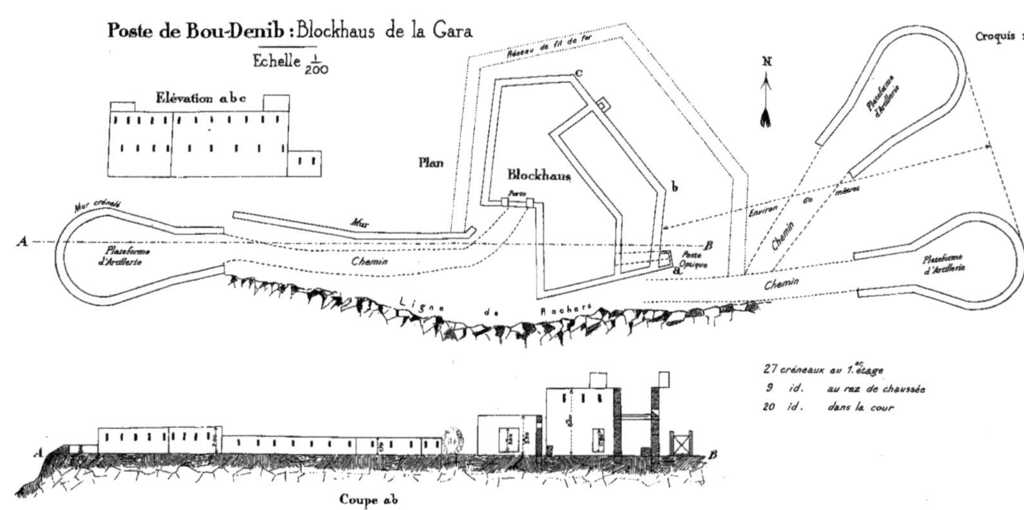

Poste de Bou-Denib : Blockhaus de la Gara
Echelle 1/200
Croquis n°
Elévation a b c
Plan
N
Réseau de fil de fer
C
Blockhaus
b
Porte
Mur crénelé
Mur
A
Plateforme
d'Artillerie
Chemin
Environ 60 mètres
Chemin
B
Poste
Optique
a
Chemin
Plateforme
d'Artillerie
Plateforme
d'Artillerie
Ligne de Rochers
27 créneaux au 1.er étage
9 id. au raz de chaussée
20 id. dans la cour
A
B
Coupe a b

La colonne du Haut-Guir en Septembre 1908.

Plan

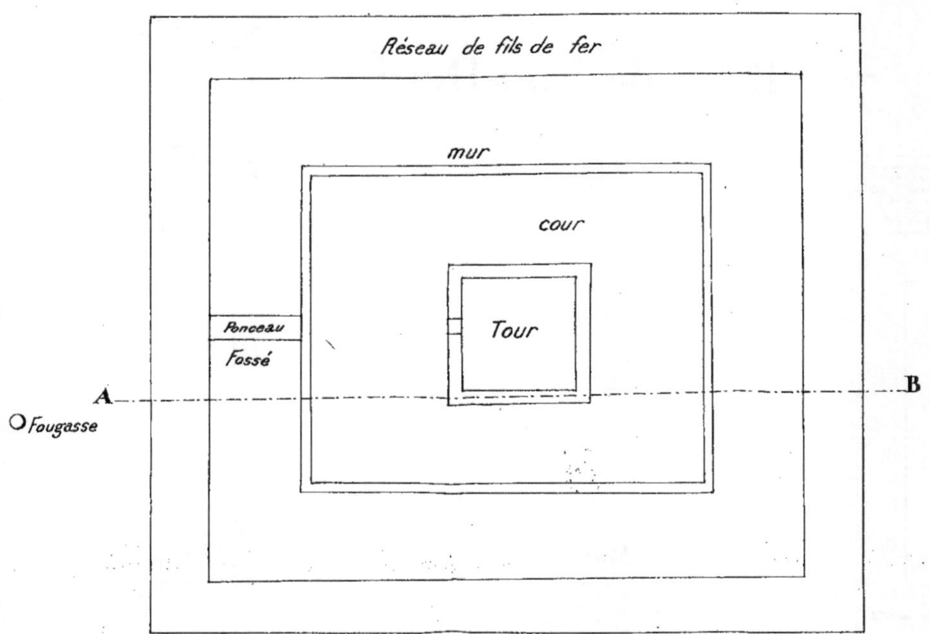

Coupe AB

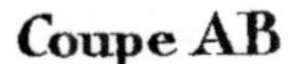

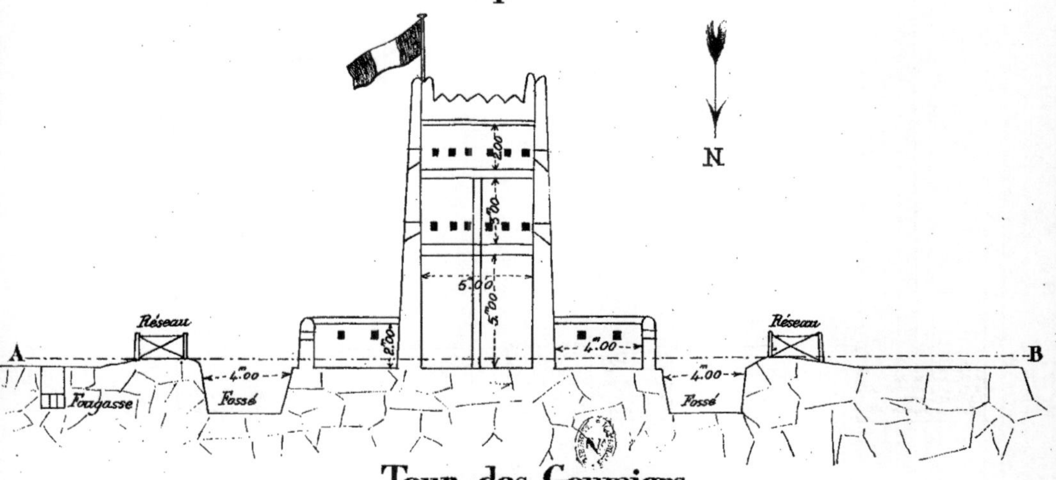

Tour des Goumiers

Echelle $\frac{1}{200}$

a colonne du Haut - Guir en Septembre 1908.

Ksar de Bou-Denib

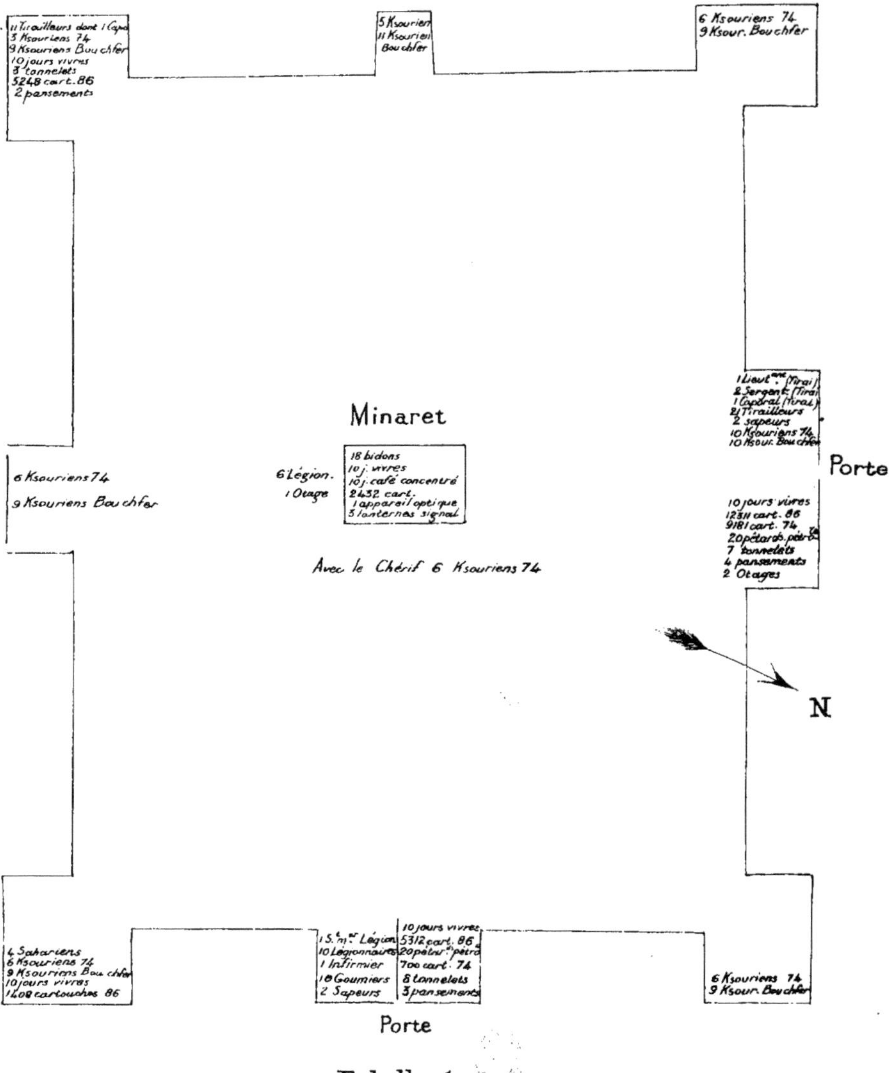

Echelle $\frac{1}{100}$

La colonne du Haut-Guir en Septembre 1908.

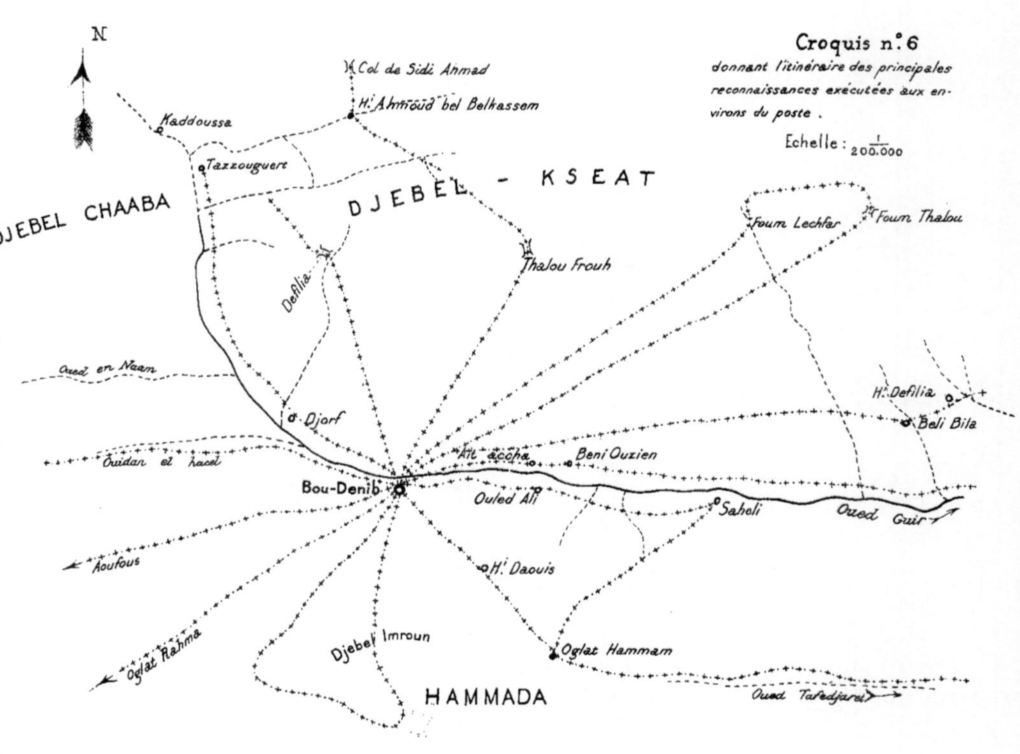

N
Croquis n.º 6
donnant l'itinéraire des principales
reconnaissances exécutées aux en-
virons du poste .
Echelle : 1/200.000
Col de Sidi Ahmad
H.ᵗ Ahmoud bel Belkassem
Kaddoussa
Tazzouguert
DJEBEL CHAABA
DJEBEL - KSEAT
Defilia
Thalou Frouh
Foum Lechfar
Foum Thalou
Oued en Naam
H.ᵗ Defilia
Beli Bila
d.º Djorf
Ouidan el hacel
Ait accha
Beni Ouzien
Bou-Denib
Ouled Ali
Saheli
Oued Guir
Aoufous
H.ᵗ Daouis
Oglat Rahma
Djebel Imroun
Oglat Hammam
HAMMADA
Oued Tafedjard

La colonne du Haut - Guir en Septembre 1908.

Attaque du Poste de Bou-Denib
1er et 2 Septembre
Djorf
Terrain ondulé et découvert
Carrière
Carrière
Carrière
Redoute
Terrain
de
dunes
Oued Guir
Plants de tamarins
Tour des Goumiers
Bou-Denib
Blockhaus
Cd
PLAINE
Taouz (détruit)
N
Situation à 2h.S. 1er Septembre
d°..... 4h.S. d°
d°..... minuit d°
Tir de l'Artillerie pendant la nuit
1er Étage de la Hammada
Croquis Schématique
du terrain à l'ouest de Bou-Denib
Echelle: 1/20000

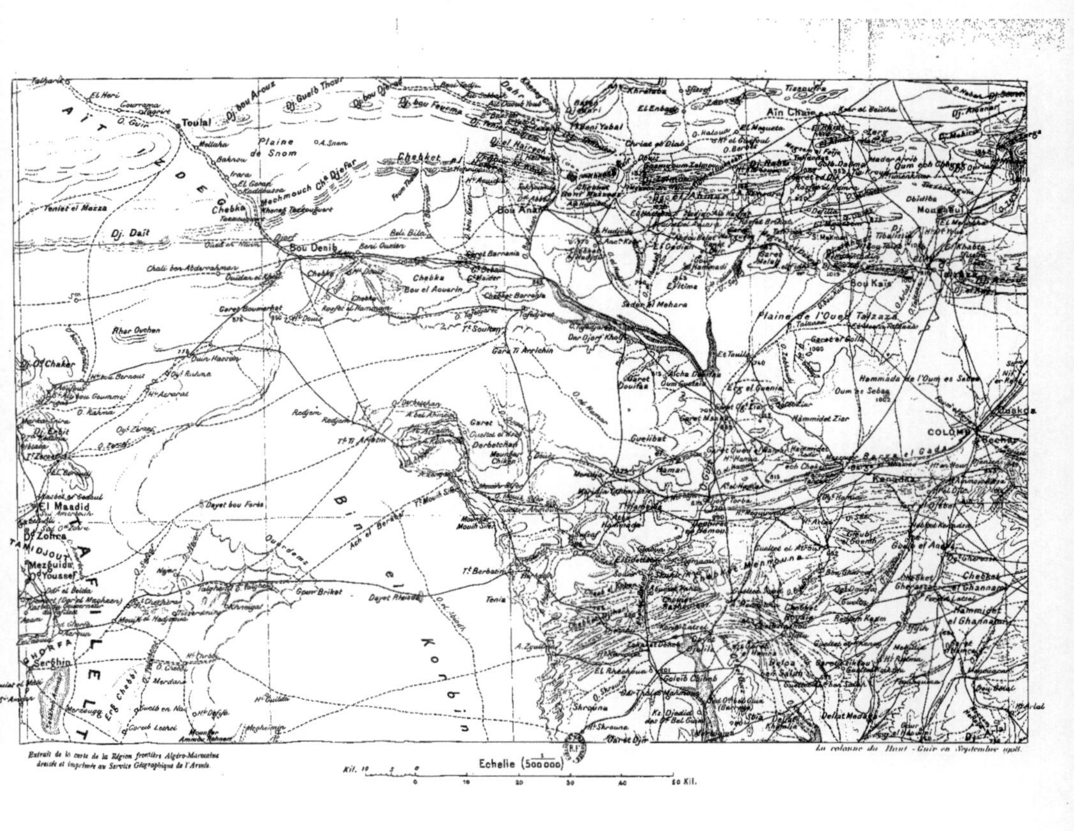

Echelle (500 000)
Kil. 10 5 0
0 10 20 30 40 50 Kil.
Extrait de la carte de la Région frontière Algéro-Marocaine dressée et imprimée au Service Géographique de l'Armée.
La colonne du Haut-Guir en Septembre 1908.